# GOTTESDIENST PRAXIS SERIE B

Arbeitshilfen für die Gottesdienste
zu den Festzeiten, für Kasualien
und besondere Anlässe

Herausgegeben von Erhard Domay

Gütersloher Verlagshaus Gerd Mohn

# GOTTESDIENSTE MIT KONFIRMANDINNEN UND KONFIRMANDEN

Gestaltungsvorschläge – Modelle –
Bausteine zur Liturgie – Predigten

Herausgegeben von Erhard Domay
in Zusammenarbeit mit Rainer Starck

Mit einer theologisch-homiletischen Einführung von Rainer Starck

Gütersloher Verlagshaus Gerd Mohn

Die Deutsche Bibliothek – CIP-Einheitsaufnahme

*Gottesdienstpraxis* / hrsg. von Erhard Domay – Gütersloh :
Gütersloher Verl.-Haus Mohn.
Teilw. mit sachlicher Benennung d. Abt.: Arbeitshilfen für die Gottesdienste zu den Festzeiten und Kasualien. Arbeitshilfen für die Gottesdienste zu den Festzeiten und für Kasualien. – Teilw. hrsg. von Erhard Domay und Horst Nitschke

Ser. B, Arbeitshilfen für die Gottesdienste zu den Festzeiten, für Kasualien und besondere Anlässe.
NE: Domay, Erhard [Hrsg.]; Abt.

Gottesdienste mit Konfirmandinnen und Konfirmanden. – 1993

*Gottesdienste mit Konfirmandinnen und Konfirmanden:* Gestaltungsvorschläge, Modelle, Bausteine zur Liturgie, Predigten / hrsg. von Erhard Domay. Mit einer theol.-homiletischen Einf. von Rainer Starck. – Gütersloh : Gütersloher Verl.-Haus Mohn, 1993
(Gottesdienstpraxis : Ser. B, Arbeitshilfen für die Gottesdienste zu den Festzeiten, für Kasualien und besondere Anlässe)
ISBN 3-579-02864-2
NE: Domay, Erhard [Hrsg.]

ISBN 3-579-02864-2


Umschlagentwurf: Franz Wöllzenmüller, Oberhaching, unter Verwendung eines Fotos von Oliver Koch, Garbsen
Satz: Satz-Service-Berkemeier, Gütersloh
Druck und Bindung: Ebner Ulm

Gedruckt auf chlorfrei gebleichtem Werkdruckpapier.

Printed in Germany

# Inhalt

# Theologisch-homiletische Einführung

## Konfirmandinnen und Konfirmanden am Gottesdienst beteiligen! Ein gottesdienst-didaktisches Plädoyer

*Rainer Starck*

»Ich war lange nicht in der Kirche, wie alle, die als Kind zu oft hineingezwungen wurden.« (Elke Heidenreich, in Brigitte 25/1992, Seite 158).

1. Die Teilnahme am Gottesdienst gehörte wohl noch nie zu den besonderen Vergnügungen der Jugendlichen im Konfirmationsalter. Zwar wird immer wieder behauptet, in früheren Generationen hätte sich die Teilnahme am Gottesdienst durch Sitte und Herkommen wie von selbst geregelt. Kirchenordnungen und Pfarrarchive belegen jedoch das Gegenteil: Bis in das 20. Jahrhundert hinein wurde der Gottesdienstbesuch durch Geld- und Leibesstrafen mehr oder weniger massiv erzwungen. Was mit dem Zwang zum Gottesdienstbesuch bei Generationen von Konfirmandinnen und Konfirmanden angerichtet wurde – Elke Heidenreich bringt es auf den Punkt.
Die unverhohlene Nötigung zum Gottesdienstbesuch ist neueren Konfirmationsordnungen fremd. Aber die Erwartung, »daß die Konfirmandinnen und Konfirmanden regelmäßig am Gottesdienst teilnehmen«, wird festgehalten. Sie ist »begründet in der Gewißheit, daß Jesus Christus selbst die ganze Gemeinde zum Hören auf sein Wort und zur Gemeinschaft an seinem Tisch einlädt, und in der Hoffnung, daß der verbindliche Charakter dieser Einladung im Gottesdienst erfahren werden kann.« (Zitate: Leitlinien für Konfirmation, Baden 1990. Die Ordnungen anderer Landeskirchen formulieren ähnlich.) Wiederholte Gottesdienstversäumnisse ohne ausreichenden Grund können Anlaß für eine Zurückstellung von der Konfirmation sein. – Alter Wein in neuen Schläuchen? Die Jugendlichen selbst sind dabei kaum ernsthaft im Blick. Allenfalls sind sie Adressaten einer an sie herangetragenen Erwartung, die theologisch begründet, aber vom Verhalten der überwiegenden Mehrheit der Kirchenmitglieder nicht gedeckt ist.

### *Aus der Sicht der Konfirmandinnen und Konfirmanden*

2. Wer mit Konfirmandinnen und Konfirmanden über diese Erwartung spricht, macht im allgemeinen zwei gegensätzliche Beobachtungen. Auf der einen Seite verhaltene Neugier und die Bereitschaft, sich zunächst einmal auf die Erwartung einzulassen. Auf der anderen Seite Argumente, die zeigen, daß der Gottesdienstbesuch der Jugendlichen wesentlich von soziologischen Faktoren beeinflußt wird:

Einmal in der Woche möchte ich ausschlafen! – Die meiste Zeit haben Jugendliche im Konfirmationsalter eine Sechs-Tage-Woche. Sie stehen morgens vor sieben Uhr auf und müssen abends entsprechend früh zu Bett. Samstags ist dann für sie Fernsehabend. Natürlich sind sie Sonntagmorgens müde und möchten liegenbleiben.
Oder: Warum soll gerade ich zum Gottesdienst? – In der Clique, in der sich Jugendliche bewegen, ist Gottesdienst nicht »in«. In der Familie auch nicht. Die Eltern bleiben im Bett, manchmal ist gerade noch das Frühstück hingerichtet, die kleinen Geschwister spielen in ihren Zimmern oder hängen an den Glotze ... der Konfirmand, die Konfirmandin muß zum Gottesdienst. Klar, wer mit seiner Hockeymannschaft zum Turnier fährt, wird – oft zähneknirschend – nicht selten noch früher aufstehen. Aber welcher Gottesdienst hält diesen Vergleich schon aus?
Werden zu Beginn der Konfirmandenzeit Spielregeln vereinbart und Absprachen für den Gottesdienstbesuch getroffen, sagen die Jugendlichen oft: Aber sonntags habe ich meistens etwas anderes vor! – Da gibt es Sportvereine, die Jugendfeuerwehrgruppe, ein Jugendorchester usw. Da ist Sonntagmorgen schon mal ein wichtiges Spiel, eine Löschübung, ein Auftritt oder eine Generalprobe. Andere fahren mit ihren Eltern ins Grüne oder zu Verwandten ...
All das zeigt: Anders als vielleicht in früheren Generationen wird die Verpflichtung zum Gottesdienstbesuch von heutigen Jugendlichen nicht als Angebot zur Freizeitgestaltung, sondern als Eingriff in die Freizeit erlebt. Die Entscheidung zum Kirchgang fügt sich heute ein in die anderen Entscheidungsabläufe des (sonn-)täglichen Lebens. Anders als vielleicht früher hat sie heute keine innere Prävalenz (mehr), sondern unterliegt (reformatorisches Erbe!) dem Freiheitsvorbehalt des Individuums. Zum Kirchgang entschließt man sich. Oder man läßt ihn bleiben. Dabei mögen für Konfirmandinnen und Konfirmanden die akzeptierten Verhaltensmuster in ihrer primären Bezugsgruppe noch eine größe Rolle spielen als bei Erwachsenen. Aber das macht die Sache nicht leichter. Gerade im Konfirmationsalter wird die bisherige primäre Bezugsgruppe, nämlich die »Familie«, abgelöst durch eine andere, die in dieser Phase zunehmend Bedeutung gewinnt: die »Gruppe der Gleichaltrigen«. Es ist in dieser Hinsicht äußerst fraglich, ob der Appell an Eltern, ihre Söhne und Töchter in der Konfirmandenzeit zum Gottesdienst zu begleiten, wirklich der Sache dient (und der Familienstruktur entspricht!). Möglicherweise wäre es für Konfirmandinnen und Konfirmanden wichtiger, den Gottesdienst als »Treffpunkt« ihrer Gruppe zu erleben, der mit einem gemeinsamen Frühstück im Gemeindehaus beginnt oder in einer »Teestube« nach dem Gottesdienst endet.
Bis Konfirmandinnen und Konfirmanden im Gottesdienst sitzen, haben sie eine oder mehrere der oben zitierten Hürden bereits genommen. Ihre »Vorleistung« ist erheblich höher einzuschätzen als die von Erwachsenen, die gewohnheitsmäßig zum Gottesdienst kommen. Eine Verpflichtung der

Jugendlichen zur regelmäßigen Teilnahme oder deren Kontrolle scheinen mir, daran gemessen, nicht sehr überzeugend. In Visitationsberichten ist zwar oft zu lesen, daß die Konfirmandinnen und Konfirmanden ein Kontrollverfahren mit Kärtchen und Unterschrift »gern annehmen«. Ich halte dies jedoch für eine freiwillige Selbsttäuschung der Verantwortlichen. Was für den einen Konfirmanden vielleicht entlastend und flankierend wirken mag (»Ich muß mich überhaupt nicht entscheiden, ob ich will. Ich gehe einfach, weil ich muß.«), das verstärkt bei anderen möglicherweise noch den Ärger. Ohnehin ist die Verpflichtung zum regelmäßigen Gottesdienstbesuch in der Konfirmandenzeit Mißverständnissen ausgesetzt, die eher kontraproduktiv wirken. Wenn ich z.B. darauf bestanden habe, daß Konfirmandenunterricht und Gottesdienst zusammengehören und der Besuch des einen so verbindlich sei wie der des anderen, haben die Jugendlichen daraus den naheliegenden Schluß gezogen: »Also, dann müssen wir in den Ferien auch nicht zum Gottesdienst kommen!«

3. Wichtiger als alle Erwartung, Verpflichtung oder Kontrolle wäre doch, daß die Konfirmandinnen und Konfirmanden erleben: Das Opfer an Freizeit lohnt sich. Der Gottesdienst »bringt's«. Nur – wann erleben sie das? Meist geht es ihnen doch so: Das jüngste Lied ist 180 Jahre alt, die Sprache der Gebete unverständlich, der liturgische Ablauf hat keinen Anhaltspunkt in ihrer Welt. Nirgendwo müssen sie sich so verhalten wie im Gottesdienst. In der Schule können sie Fragen stellen, etwas einwenden, machen gelegentlich vielleicht auch Witze. Im Gottesdienst ist ihnen vorgeschrieben, was sie zu sagen und zu singen haben und wann dies zu tun ist. Gefragt werden sie nie. Antworten dürfen sie nicht. Sagt einer mal laut »Amen« (an der richtigen Stelle), wird er anschließend von Gemeindemitgliedern ermahnt. Anderswo kann man sich begrüßen, miteinander schwätzen, lachen – in der Kirche, vor Beginn des Gottesdienstes, ist »stilles Gebet« vorgesehen. Die Predigt geht meistens über ihre Köpfe hinweg. Und wenn sie etwas verstehen, merken sie vielleicht: Was hier gesagt wird, hat draußen oft nicht viel zu bedeuten. Ihre Eltern und die älteren Geschwister haben längst die Konsequenzen gezogen: Sie bleiben weg. Neun von zehn Erwachsenen gehen nicht zum Gottesdienst. Oder vielleicht gelegentlich. Auf jeden Fall selten oder nie. Dabei waren sie alle einmal Konfirmandinnen und Konfirmanden mit der Verpflichtung, regelmäßig zum Gottesdienst zu kommen. Nichts spricht dafür, daß er ihnen dadurch zur geistlichen Heimat geworden wäre.

4. Wer auf das hört, was Konfirmandinnen und Konfirmanden zum Gottesdienst äußern, erfährt einiges über das Klima in unseren Gemeinden:

- Die Kirche ist für mich kalt. Da ist keine Gemeinschaft.
- Man sollte die Gottesdienste familiärer gestalten.
- Immer wird man angemeckert. Wir dürfen nichts miteinander reden.
- Wenn die Kirche nur halb gefüllt ist, hat man schon ein negatives Gefühl: Warum kommen so wenig Leute? Ist der Gottesdienst blöde?

– Warum muß im Gottesdienst immer nur der Pfarrer sprechen?
– Am schönsten finde ich den Gottesdienst, wenn etwas ganz Neues geboten wird.

Auch mit den Gebeten haben Jugendliche ihre Schwierigkeiten. Oft finden sie sich darin nicht wieder oder sie fühlen sich wider Willen vereinnahmt von dem, was ein einzelner stellvertretend für andere spricht.

Vielfach ist der Hauptgottesdienst nach Form, Inhalt und Teilnehmerkreis ein Sondergottesdienst für eine bestimmte Gemeindegruppe, zu der die Konfirmandinnen und Konfirmanden nicht ernsthaft gerechnet werden können und der sie nur gezwungenermaßen und auf Zeit angehören. Zu klären wäre, ob und mit welchen Gründen sie sich an Formen und Gewohnheiten orientieren sollen, die nur bei einer Minderheit der Gemeindemitglieder konsensfähig sind. Zu klären wäre auch, ob ihnen nicht durch die derzeitige Gestalt unserer »normalen« Gottesdienste der Blick dafür verstellt wird, was der Gottesdienst für ihr Leben bedeuten könnte. Das Bild, das die Jugendlichen im Gottesdienst nicht selten von sich selber geben, spricht Bände:
Da sitzen sie irgendwo vorn, links in der zweiten Reihe, hinter ihnen nahezu 30 Reihen dunkle Holzbänke, von beiden Seiten zugänglich und getrennt durch einen Mittelgang, rechts und links davon ab und zu ein paar einsame Zuhörer, gerade mal 60 Menschen – durchschnittlicher Gottesdienstbesuch in einer Kirche mit über 600 Sitzplätzen. Die sog. Konfirmandenbank ist längst abgeschafft. Trotzdem sitzen sie da vorn beieinander. Freiwillig. Etwas Körperwärme, verhaltene Späße, verstecktes Getuschel – das reicht schon für das Gefühl: Ich bin nicht allein. Wenigstens nicht ganz so allein wie die Erwachsenen hinter mir.

*Aus der Sicht eines Pfarrers*

5. Ich stelle mir den Kollegen an dieser Kirche vor, wie er nach einigen Wochen Konfirmandenzeit eine erste Zwischenbilanz zieht: Der Gottesdienst als Mitte des Gemeindelebens – stimmt das noch? Erfahren Konfirmandinnen und Konfirmanden dort wirklich, was Kirche wesentlich ausmacht? Und daß das etwas mit ihnen zu tun hat? Oder fallen hier Anspruch und Wirklichkeit nicht doch etwas auseinander? Wird die leere Kirche für Konfirmandinnen und Konfirmanden nicht immer mehr zu einer Grunderfahrung mit der Gemeinde?
Ich stelle mir vor, wie er an seine ersten Dienstjahre zurückdenkt: Damals hatte er den Gottesdienstbesuch kontrolliert und die Teilnahme auf Kärtchen durch Unterschrift bescheinigt. Die Idee dazu stammte von seinem Vorgänger. Er hatte sie zunächst übernommen. Aber wirksam war diese Maßnahme immer nur bis zum Konfirmationstag gewesen. Irgendwann reifte der Entschluß, damit aufzuhören. Im Ältestenkreis war eine Menge

Überzeugungsarbeit nötig, um diesen Schritt durchzusetzen. Aber wichtiger als Nötigung und Kontrolle waren ihm plausible Verbindungen zwischen Unterricht und Gottesdienst.
Seit damals läßt er den Gottesdienst durch »Spähtrupps« erkunden. Konfirmandinnen und Konfirmanden, mit Fragebogen und Bleistift »bewaffnet«, beobachten, fragen und notieren, wer da was im Gottesdienst macht, sagt oder hören läßt. Da konnte es schon einmal passieren, daß ein Lektor nach dem Gottesdienst gefragt wurde, was er denn vorgelesen habe. Es sei nichts zu verstehen gewesen. Nicht, was die Wörter angeht – die hätten sie schon mitgekriegt. Nur den Sinn hätten sie nicht »gecheckt«. Daß ein Chor auf altgriechisch »Kyrie eleison« singt, das, ergab einmal eine Nachfrage, hätte die Jugendlichen nicht weiter verwundert. Aber wenn er schon darauf zu sprechen käme: Warum ist das eigentlich im evangelischen Gottesdienst so?
Im Unterricht bemüht er sich, die für die Gemeinde selbstverständliche (?) Liturgie den Konfirmandinnen und Konfirmanden Schritt für Schritt zu erschließen. Daß sie dadurch eine innere Beziehung zum Gottesdienst gefunden hätten, konnte er in den ganzen Jahren jedoch nicht feststellen. Vielmehr hatte er den Eindruck, daß die Verfeinerung der Beobachtungsaufgaben im Gottesdienst und die Erläuterungen zu den gottesdienstlichen Abläufen sich eher distanzierend ausgewirkt haben und ein fast statisches Gottesdienstverständnis bei den Jugendlichen begünstigten. Und was er in Umfragen lesen mußte, bestätigte ihm, was er Sonntag für Sonntag in seiner Gemeinde erleben konnte: Von denen, die er konfirmiert hat, kommen anschließend zwei Prozent noch regelmäßig zum Gottesdienst. Es ist halt unter den Evangelischen so Sitte, den Sonntagsgottesdienst in der Regel nicht zu besuchen. Manchmal packt ihn die Ahnung, die Distanz der Jugendlichen zum Gottesdienst sei auch die Folge einer monatelangen Lerngeschichte: Erleben sie in der Konfirmandenzeit nicht Sonntag für Sonntag, wie die Kirche im Gottesdienst zu ihnen, zu ihrer Lebenswelt und zu ihren Ausdrucksformen auf Distanz geht? Was trägt eigentlich die »Normalgestalt« des evangelischen Gottesdienstes dazu bei, daß die Jugendlichen von innen heraus wirksame Motive für den Kirchgang bekommen?

6. Ich selle mir vor, wie der Kollege versucht, einige Dinge zusammenzurechnen: Theologisch geht es nach wie vor dem den Punkt, an dem die Jugendlichen sich wesentlich mit Kirche befassen. Nichts gegen ein Dritte-Welt-Projekt! Der ökumenische Horizont ist alles andere als nebensächlich. Aber der innere Nerv der Konfirmandenzeit liegt dort, wo den Jugendlichen selbst das Evangelium angeboten wird: Sonntags, im Gemeindegottesdienst. Wo sonst? Pädagogisch, auch das ist klar, kommt es auf das aktive Gestalten an, möglichst in Gruppen und mit anderen zusammen. Auf das gemeinsame Erarbeiten von Lösungen und auf das Darstellen dieser Ergebnisse gegenüber anderen. Im üblichen Pfarramtsbetrieb

kann er Gottesdienste nur vereinzelt auf Konfirmandinnen und Konfirmanden hin vorbereiten. Gelegentlich, wenn alles schon »steht«, leistet er sich schon mal die Rückfrage »Und was hat das mit den Jugendlichen zu tun?«. Meist fällt ihm dann eine saloppe Formulierung, ein Beispiel oder (seltener) eine kurze Geschichte ein. Aber das war's dann schon. Dabei ist nicht einmal ausgemacht, daß die Vernachlässigung der Jugendlichen den Erwachsenen oder gar dem Gottesdienst etwas nützt. Ist eine für Konfirmandinnen und Konfirmanden verständliche Predigt für Erwachsene wirklich eine Unterforderung?
Er rechnet weiter: Nur ein einziges Mal kommen die Jugendlichen wirklich zum Zug. Das ist im Konfirmationsgespräch. Also in einer Art Sondergottesdienst. Und mit ihm geht die Konfirmandenzeit dann auch zu Ende. Warum gestalten die Konfirmandinnen und Konfirmanden nicht Teile des normalen Gemeindegottesdienstes mit? Etwa in Abständen von vier Wochen? Vielleicht auch sechs Wochen? In Arbeitsgruppen mit einem gewissen Recht auf liturgische Selbständigkeit? Material gibt es genug, auf das sie zurückgreifen könnten. Und mit älteren Beratern an der Seite werden sie wohl nicht jedes Mal einen Skandal provozieren. Und überhaupt, was ist der größere Skandal – eine mißlungene Formulierung oder zehn gelangweilte Konfirmanden in der zweiten Bank?

*Erste Ideen*

7. Seine Idee nimmt Gestalt an: Wenn die Konfirmandinnen und Konfirmanden erst einmal ein Lied aussuchen, sich an den Lesungen beteiligen, Elemente für Gebete und für die Predigt entwerfen und einiges davon vielleicht selbst vortragen, dann könnten sie doch ein Empfinden für gottesdienstliche Formen entwickeln. Am Predigttext ließe sich durchbuchstabieren, worin das Evangelium des Tages für sie besteht. Dann wären sie ganz nahe am Gottesdienst dran. Und der Gottesdienst selbst bekäme einen anderen Anspruch für sie. Oft erleben sie ihn wie ein »Fertigprodukt«. Wie bei einer Ware, die sie nur kaufen oder nicht kaufen können, bleibt ihnen beim Gottesdienst nur die Entscheidung, in die Kirche zu kommen oder wegzubleiben. Kommen sie – verändert sich dadurch nichts. Bleiben sie weg – findet er auch ohne sie statt. Geht er an ihnen vorbei – können sie nur innerlich aussteigen. Gibt es aber die Möglichkeit zur Mitgestaltung, kommen sie vielleicht auf die Idee, der Gottesdienst könnte zu ihrer eigenen Sache werden, für die sie Mitverantwortung übernehmen. Sie könnten selber einlösen, was sie immer fordern: Schlicht und einfach das, was im Gottesdienst sowieso schon passiert, so zu gestalten, daß es überhaupt verstanden wird und verständlich ist. Schon für die, die ohnehin zum Gottesdienst gehen, würde sich das lohnen. Und vielleicht kommen die Eltern dann mit, wenn die Kinder im Gottesdienst mitwirken. Vielleicht ist die Kirche an einigen Sonntagen dann nicht mehr so leer. Und überhaupt:

Konfirmandinnen und Konfirmanden, die für den Funktionszusammenhang des Gottesdienstes ein Gespür entwickeln und selber an einer Stelle probieren, wie sie das Evangelium mit eigenen Worten weitersagen können – diese Konfirmandinnen und Konfirmanden lernen vielleicht wirklich Wesentliches von dem, was ihnen eine evangelische Gemeinde zu lernen anbieten kann …

8. Ich stelle mir vor, wie der Kollege sich am Schreibtisch zurücklehnt, tief durchatmet und den Entschluß faßt, das eine oder andere in seiner Konfirmandenarbeit zu verändern. Ich stelle mir auch vor, daß ihm dabei Ideen und Vorschläge in den Sinn kommen, die ihm so oder ähnlich schon einmal in einer Arbeitshilfe für den Konfirmandenunterricht begegnet sind:
Ein erster Schritt könnte sein, mit der Konfirmandengruppe ein (neues) Lied zu lernen, das zum Gottesdienst am darauffolgenden Sonntag paßt. Das wird dann dort auch gesungen. Warum eigentlich nicht mit Gitarren- und Flötenbegleitung? Es muß ja nicht immer die Orgel sein. Das muß sich auch nicht jede Stunde wiederholen. Aber mit etwas Fantasie und einem der Liederbücher aus der Kirchentagstradition müßten sich im Abstand von zwei bis vier Wochen immer wieder passende Lieder finden lassen. Daß die Gemeinde dafür nicht aufgeschlossen sein soll, das kann er sich nun wirklich nicht vorstellen.
Und warum eigentlich nur Lieder? Warum nicht auch an den Gebeten die Jugendlichen beteiligen? Wenn er das Thema Beten durchnimmt, muß er ohnehin elementarisieren. Also deutlich machen, daß Beten etwas zu tun hat mit dankbar sein, traurig sein und klagen wollen, mit Bitten, Hoffen und Vertrauen. Warum nicht, in Abständen natürlich, mit den Konfirmandinnen und Konfirmanden immer mal wieder das Thema des Sonntags in den Blick nehmen und dazu Gebetsanliegen zusammentragen. Etwa so:
Wenn wir an … denken, sind wir dankbar für …
Wenn wir an … denken, macht uns traurig (macht uns Sorge) …
Wenn wir an … denken, hoffen wir auf …
Wenn wir an … denken, vertrauen wir auf …
Das müßte eigentlich mit jedem Stichwort/Thema gehen, das sich vom Kirchenjahr her oder vom Ablauf der Konfirmandenzeit her nahelegt. Das könnte an Erntedank dann lauten: »Wenn wir an Gottes gute Schöpfung denken …« und es könnte im Konfirmationsgottesdienst heißen: »Wenn wir an unsere Eltern (an unser Leben, an unsere Zukunft usw.) denken …« Die Konfirmandinnen und Konfirmanden könnten so Gebetsanliegen für Dank und Klage, Bitte (Fürbitte) und Bekenntnis zusammentragen. Diese Anliegen in Gebetsform zu bringen oder in ein Gebet aufzunehmen, wäre dann seine, des Pfarrers Sache. Das hat er gelernt. Die Konfirmandinnen und Konfirmanden könnten es, mit entsprechender Hiflestellung, vielleicht im Laufe der Konfirmandenzeit auch lernen. Haben sie erst einmal angefangen, die genannten Halbsätze zu Ende zu schreiben, ließen sich

diese ja in Gruppen weiter bearbeiten: Jede Gruppe erhält die Ergebnisse zu einem der vier Halbsätze, ordnet sie etwas und bringt sie in eine sinnvolle Reihenfolge. Wenn er ihnen dann noch Beispiele für einen möglichen Anfangs- und Schlußsatz gibt (vielleicht Psalmzitate), könnten sie in der Gruppe nahezu selbständig ein solches Gebet verfassen. In der Gesamtgruppe könnten die Texte dann vorgelesen und gemeinsam »verabschiedet« werden. Zu klären wäre dann nur noch, wer bereit ist, diese Texte im Gottesdienst dann mit vorzutragen.
Und wenn dieser Schritt für die Gruppe noch zu groß ist? Warum dann nicht die Anliegen zunächst einmal in der Gruppe zur Sprache bringen? Etwa so: Nachdem die Halbsätze zu Ende geschrieben sind, werden sie eingesammelt und (anonym) neu verteilt. Die Gruppe sitzt dazu im Kreis, in der Mitte vielleicht eine Batikdecke mit einer Kerze. Liederbücher liegen bereit. Nach einigen einführenden Sätzen werden einzelne Anliegen vorgelesen, z.B. die gesammelten Dankbarkeiten. Dazu dann ein Vers aus dem Dankelied. Danach die Klagen. Dazu ein Kyrie-Vers usw. Die Jugendlichen könnten merken, wie das, was ihnen wichtig ist, eine verbindliche, d.h. alle verbindende Form erhält. Der Schritt hin zum öffentlichen Beten im Gottesdienst würde dadurch ein wenig kleiner. Auch das kann und muß nicht jede Woche so stattfinden. Aber einmal im Monat dieses und einmal im Monat ein Lied – die Konfirmandinnen und Konfirmanden wären im Abstand von zwei bis drei Wochen am sonntäglichen Gottesdienst inhaltlich beteiligt. Und diese Beteiligung ließe sich variieren. Da gibt es Psalmen, die sich durch eigene »Verse« paraphrasieren lassen, Lieder, zu denen neue, eigene Verse hinzugedichtet werden können, Lesungen, die sich als Leseszenen gestalten lassen, Collagen und andere plakative Darstellungen zu Bibelworten ... (Die Beispiele in diesem Band zeigen eine Fülle von Möglichkeiten auf und lassen so zwischen einübender Wiederholung ein und derselben Form und dem Reiz des Neuen eine gute Balance finden.)

9. Was mit Liedern und Gebeten, Psalmen und Lesungen möglich ist, müßte eigentlich auch auf die Predigt abfärben. Ich stelle mir vor, wie der Kollege nach und nach »in Fahrt kommt«: Es gibt da einen Psalm, der ihm selber sehr wichtig ist und den auch seine Konfirmandinnen und Konfirmanden kennenlernen und sich aneigenen sollen. Der 23. Psalm. Noch in jedem Jahrgang hat er diesen Psalm auswendig lernen lassen. Und immer hat er etwas zu diesem Psalm gesagt. Warum sollen nicht einmal die Konfirmandinnen und Konfirmanden selber etwas zu diesem Psalm sagen? Vielleicht sogar darüber predigen? Dabei könnten sie entdecken, daß dieser Psalm (ihnen) helfen kann, (eigene) Lebenssituationen zu deuten und neue Erfahrungen zu erschließen. Sie könnten herausfinden, wie sie an einem Psalmtext entlanggehend ihre eigenen Fragen, Hoffnungen und Einsichten zur Sprache bringen und deuten könnten. Sie könnten gesprächsfähig werden im Blick auf Gottesdienst und Predigt.

Er überlegt: Drei Doppelstunden könnte er dafür reservieren. Und wenn er sich die Mühe macht, Ergebnisse aus dem Unterricht zu protokollieren oder anderswie festzuhalten, könnte sich daraus eine Predigt zusammenstellen lassen. In einer ersten Doppelstunde könnte er das Vorhaben, eine gemeinsame Predigt zu machen, vorstellen. Gemeinsam könnten sie erste Anregungen für die Predigt sammeln. Die Konfirmandinnen und Konfirmanden sind regelmäßige Predigthörer und müßten eigentlich sagen können, was sie an einer Predigt gut und was sie weniger gelungen finden. Dann wäre der Predigttext dran, und erste Entdeckungen daran wären festzuhalten. Die Bilder und Metaphern gerade dieses Textes (Psalm 23) könnten das Gespräch anregen und eigene Vorstellungen und Bilder für Gott herauslocken, die die Jugendlichen mit sich herumtragen.
Eine zweite Doppelstunde wäre zu reservieren für die Auseinandersetzung mit homiletischen Situationen. Diese müßte er vielleicht selbst einbringen oder entsprechende Erfahrungen bei den Jugendlichen abrufen. Dem Predigttext dürften Situationen des Versagens, des Scheiterns, der Schuld und der Bewahrung, aber auch glückliche Erfahrungen entsprechen. Also nichts, was den Konfirmandinnen und Konfirmanden von vornherein fremd wäre.
In einer dritten Doppelstunde könnte sich die Gruppe dann erneut den Predigttext vergegenwärtigen und versuchen, aus dem Psalm Hilfe und Zuspruch für die in der zweiten Stunde bearbeiteten Lebenssituationen zu gewinnen. Erste Formulierungsversuche und »Übersetzungen« des Psalms müßten dann als Ergebnis schon herauskommen.
Danach wäre er selber dran: Den Gang des Unterrichts nachzeichnen, Einfälle und Äußerungen der Jugendlichen aufnehmen und kommentieren, Situationen der Hörergemeinde aufnehmen – das wäre fast schon ein Predigtentwurf. Wenn er ausformuliert, die Originalbeiträge (Zitate) der Konfirmandinnen und Konfirmanden entsprechend kennzeichnet und den Text vervielfältigt, könnnten sie die Predigt eigentlich gemeinsam halten.

*Mit Konfirmandinnen und Konfirmanden Predigt machen*

10. Ich stelle mir vor, wie sich der Kollege exakt an diesem Punkt hinsetzt und diese drei Doppelstunden detailliert vorstrukturiert:

Erste Doppelstunde: Begegnung mit dem Text

1. Information: Das Vorhaben, eine Predigt z.B. für das Konfirmationsgespräch gemeinsam zu erarbeiten, wird vorgestellt.
2. Ein Plakat »Ich finde eine Predigt gut, wenn …« wird an die Wand gehängt. Spontane Äußerungen werden darauf notiert (Stichworte).
3. Der Predigttext, Psalm 23, wird vorgelesen. Impulse: »Ihr habt einiges von dem Psalm behalten …« (Äußerungen auf Papierbahn notieren). – »Beim Hören des Psalms hattet ihr Gefühle und Einfälle …«. »Hier

steht vieles. Einiges davon ist weniger wichtig, einiges besonders wichtig ...« (unterstreichen, eventuell auf die Bilder des Psalms aufmerksam machen) – Dann: »Schauen wir nach, was ihr beim ersten Hören behalten habt und was nicht!» – Lesen des Textes, Vergleich mit den Notizen, historische Informationen.

4. Arbeitsteilig in Kleingruppen oder im Kreisgespräch:
   Die Bilder des Psalms (z.B. grüne Aue, rechte Straße, finsteres Tal, Tisch usw.) auf Lebenssituationen beziehen. Impuls: Welche Lebenssituationen meint der Psalmdichter mit diesen Bildern? Kennen wir das ähnlich auch bei uns?
5. Metaphernassoziationen zu einem dieser Bilder:
   »Gott als Hirte – ein altes Bild ... Wir würden das heute wohl anders sagen ...« – Äußerungen dazu – Die Jugendlichen schreiben dann den Satz »Gott ist für mich nicht wie ein Hirte, sondern wie ...« zu Ende. Sie finden so Vergleiche für Gott. Diese werden vorgelesen und auf verschiedenen Papierbahnen in sachgemäßer Zuordnung aufgeklebt bzw. notiert.
6. Vertiefender Schritt:
   Welche Erwartungen verbinden wir mit diesen Vergleichen (Bildern)? Beispiel: Da steht ... wie ein guter Freund / wie Vater und Mutter u.a.m. Was erwarte ich von einem guten Freund / von Vater und Mutter usw.? (arbeitsteilige Gruppenarbeit). – Auswertung in der Gesamtgruppe.

Die Ergebnisse aus diesen Schritten werden festgehalten, um sie später in der Predigt zitierend und kommentierend aufzunehmen. Wer mag, schreibt aufgrund der bisherigen Arbeit eine Erfahrungsgeschichte bis zur nächsten Stunde.

Zweite Doppelstunde: Auseinandersetzung mit homiletischen Situationen

Erforderlich sind Rollenkarten »Sonntags im Gottesdienst«, z.B. für:
- Frau A., die vor zwei Monaten ihren Mann verloren hat,
- B., der morgen eine Prüfung hat,
- C., die seit einigen Tagen wahnsinnig verliebt ist,
- Herrn D., der sich vor einigen Tagen bei einer neuen Firma beworben hat; es gibt noch Mitbewerber,
- E., der gerade zu Hause rausgeflogen ist,
- F., der gestern Geburtstag hatte,
- Familie G., die heute Taufe hat,
- und H., der eigentlich ganz zufrieden ist mit sich und der Welt
- usw.

1. Lied: »Komm, bau ein Haus ...«
2. Die Rollenkarten werden vorgestellt. Sie repräsentieren idealtypische homiletische Situationen im Gottesdienst. Äußerungen und Ergänzungen der Gruppe dazu.

3. Gruppenarbeit (oder Partnerarbeit) zu je einer Situation:
Versetzt euch in die Lage von A/B/C ... – Welche Gedanken und Gefühle bewegen sie/ihn im Gottesdienst? – Schreibt das in der Ich-Form auf eine Sprechblase (Papier, entsprechend zugeschnitten). – Oder: Frau A. usw. trifft auf dem Weg zur Kirche ihre Nachbarin (oder Herrn D. o.a.). Wie könnte ein Gespräch zwischen ihnen verlaufen? – Oder: Ihr trefft auf dem Weg zur Kirche mit B. (C., E. usw.) zusammen. Entwerft eine kurze Szene.
4. Die Ergebnisse werden im Plenum vorgestellt, in Stichworten auf einer Papierbahn festgehalten. Die Sprechblasen werden aufgeklebt. Dann werden die Situationen ausgewählt, die im folgenden vertieft und in der Predigt aufgegriffen werden.
5. Gruppenarbeit (oder Partnerarbeit) wie oben: »Was könnten wir für Frau A. (B., C. usw.) Hilfreiches sagen?« (Schriftlich festhalten).
6. Die Ergebnisse werden in der Großgruppe vorgestellt, besprochen und für die Predigt aufbewahrt.

Dritte Doppelstunde: Was können wir mit Hilfe des Textes sagen?

1. Die Beispielsituationen aus der vorigen Stunde und die Arbeitsergebnisse werden noch einmal vergegenwärtigt:
»Wir haben das letzte Mal versucht, für einige Gottesdienstbesucher zu predigen. Nun beruft sich eine Predigt immer auf einen Bibeltext. Daran soll sie auch gemessen werden, ob sie richtig ist. Unser Predigttext ist der 23. Psalm. Wir wollen heute sehen, was er hergibt für die Menschen, die zum Gottesdienst kommen.«
2. Kartonstreifen mit den Textzeilen von Psalm 23 werden verteilt. Jemand legt die erste Zeile auf den Fußboden. Die anderen schließen sich an und setzen so den Psalm Zeile für Zeile zusammen (Memorierhilfe). Dabei überlegen und diskutieren sie die Folge der Zeilen. Auf Brüche im (noch nicht richtig zusammengesetzten) Text kann aufmerksam gemacht und soweit wie möglich durch Nachfragen etc. Hilfe gegeben werden.
Zu entdecken wäre, daß der Psalm zwei Bilder verwendet:
   - das Bild vom Schaf und vom Hirten und
   - das Bild vom (Tempel-)Asyl und dem Wirt (Priester).

   Der Lebenskontext, aus dem diese Bilder stammen, könnte kurz erläutert werden. Ebenfalls der Übergang aus der dritten Person in das anredende »Du« (Gebet). – Das fertige Puzzle wird am Text der Bibel überprüft.
3. Impuls: »Wir wollen die Gedanken, mit denen manche Menschen zum Gottesdienst kommen, neben diesen Psalm legen. Nehmt bitte jeweils einen der Zettel (eine Sprechblase) von der Wand und legt ihn neben die Zeile des Psalms, die eurer Meinung nach dafür wichtig und hilfreich sein könnte. Begründet nachher eure Entscheidung.« Das Ergebnis dieses Schrittes wird gemeinsam besprochen.

4. Die Jugendlichen schreiben in Einzel-, Partner- oder Gruppenarbeit auf, was sie nun für Frau A., B., C. usw. predigen möchten. Die Predigtstücke werden neben den Psalm und die Sprechblasen gelegt und dann vorgelesen.
5. Plenum: Formulierung eines Leitsatzes, Zieles oder Themas für die Predigt. Keine Mehrheitsentscheidung! – Eventuell daran anschließend: Sichtung und Auswahl des vorhandenen Materials nach Maßgabe des Leitsatzes (arbeitsteilige Gruppenarbeit).

Das Verfahren, den Text wie ein Puzzle gemeinsam zusammenzusetzen, hat sich auch in anderen Zusammenhängen bewährt. Rollenkarten bzw. Geschichten als mediale Repräsentation homiletischer Situationen ermöglichen es, Beziehungen und Spannungen zum Predigttext konkret und präzise zu benennen und darzustellen, so daß die Jugendlichen auch in die Lage versetzt werden, Entdeckungen zu machen und zu formulieren. Der Versuch, Predigtsätze zu formulieren, ist für Konfirmandinnen und Konfirmanden im allgemeinen Neuland. Sie brauchen deshalb starke Bestätigung.

11. Die Predigt, so die Überlegung des Kollegen, müßte sich im Anschluß an diese drei Doppelstunden zusammenstellen lassen. Als »Rohmaterial« dienen die Arbeitsergebnisse aus diesen Stunden. Die Jugendlichen können ihre Entdeckungen am Text, ihre »Bilder« für Gott, ihre Auseinandersetzung mit den vorgegebenen homiletischen Situationen und ihre »Übersetzungsversuche« zu einzelnen Psalmversen selbst vortragen. Er selber könnte sich auf einleitende Formulierungen, verbindende Sätze, Bündelungen , Kommentare, Deutungen usw. beschränken.
Der Schritt von der Menge der Arbeitsergebnisse, die am Schluß als Wandzeitung im Konfirmandenraum hängen, zu einer Predigt im Gottesdienst dürfte den Konfirmanden nahezu unvollziehbar sein. (Seufzer einer Konfirmandin bei einer ähnlichen Gelegenheit: »Ich kann mir überhaupt nicht vorstellen, wie daraus eine Predigt werden soll!«). Auch ist der Schritt von der Konfirmandengruppe hinaus in die Öffentlichkeit des Gottesdienstes für viele sehr groß. Hinzu kommt, daß die Predigt, das Herzstück des evangelischen Gottesdienstes, nach den Erfahrungen der Jugendlichen und den überlieferten Erwartungen ausschließlich Sache des – nicht nur äußerlich durch die Höhe der Kanzel – von der Gemeinde abgehobenen Pfarrers oder der Pfarrerin ist.
Die Gruppe dürfte erleichtert sein, wenn sie über die Arbeitsergebnisse der drei Doppelstunden hinaus keine Formulierungsarbeit an der Predigt mehr leisten muß. Wichtiger wäre, daß sie bei der Sprechprobe »ihre« Beiträge weitgehend in »O-Ton« wiederentdecken und sie dann im Gottesdienst selbst vortragen können.
Eine Predigt unter Beteiligung von Konfirmandinnen und Konfirmanden kann in einer stark traditionsgeleiteten Gemeinde Verwunderung auslösen.

Es kann deshalb sinnvoll sein, bei den übrigen Teilen des Gottesdienstes auf weitere ungewohnte Elemente zu verzichten.

12. Ich sehe den Kollegen, nachdem die Unterrichtsskizze »steht«, erneut sich am Schreibtisch zurücklehnen, durchatmen und beschließen: Wenn das gut geht, muß es bei diesem einen Versuch nicht bleiben. Denn die Schritte im Unterricht sind keineswegs auf Psalm 23 in besonderer Weise zugeschnitten. Sie lassen sich ohne weiteres auch auf andere Psalmen, auf die Seligpreisungen, das Vaterunser oder Texte wie 1. Kor 13 übertragen. Eigentlich, höre ich den Kollegen zu sich selbst sagen, eigentlich müßte das in jedem Jahrgang einmal möglich sein. Texte, die sich dafür anbieten, gibt es in der Bibel genug. Die Sache, um die es geht, ist den Aufwand wert. Und den Gewinn haben nicht nur die Jugendlichen. Auch die Gemeinde und ihr Gottesdienst dürften davon profitieren.

Anregungen für diesen Beitrag verdanke ich:

Helmut Barié, Predigt braucht Konfirmanden, Stuttgart 1988,
Christoph Bizer, Der Konfirmandenunterricht der Zwanzigjährigen, in: A. Feige, Erfahrungen mit Kirche, Hannover 1982, Seite 200 ff.,
Peter Cornehl, Der Gottesdienst, in: Handbuch der praktischen Theologie, Band 3, Gütersloh 1983, Seite 59 ff.,
Peter Engel, Bibel auslegen – Predigt machen, in: KU-Praxis 18, Seite 30 ff.,
Ulrich Fischer, Konfirmanden gestalten Gottesdienst – 30 Beispiele für die Praxis, Stuttgart 1991,
Joachim Matthes, Gottesdienst und Gesellschaft, Referat vor der Generalsynode der VELKD, 16. Oktober 1990,
Walter Neidhart, Konfirmand und Gottesdienst, in: KU-Praxis 16, Seite 42 ff.,
Helmut Siegel, Gottesdienst und Konfirmanden, in: Handbuch für die Konfirmandenarbeit, Gütersloh 1984, Seite 143 ff.,
Konfirmandinnen und Konfirmanden in Mannheim und Karlsruhe sowie, nicht zuletzt, den Autorinnen und Autoren dieses Bandes.

# Anregungen und Bausteine rund um den Gottesdienst

## »Ich trau' mich nicht, etwas zu sagen!«

Was Konfirmandinnen und Konfirmanden ohne Probleme rund um den Gottesdienst tun können

*Gerhard Engelsberger*

1. Sie können mit viel Phantasie, Blumen etc. den *Altar und die Kirche schmücken.*
2. Sie können *Liedblätter, Gemeindebriefe etc. austeilen.*
3. Sie können für jeden Sonntag ihrer Konfirmandenzeit *1 Lied aussuchen*, das dann im Gottesdienst gesungen wird.
4. Sie können dem Kirchendiener/Küster beim *Herrichten der Kirche für den Gottesdienst* helfen (Altarschmuck, Kerzen, Liednummern anschlagen, Abendmahlsgeräte vorbereiten, Abendmahlsbrot schneiden, Wein in Kelche füllen ...)
5. Sie können einen Bibeltext aussuchen, der sie besonders interessiert. Der Pfarrer/die Pfarrerin predigt sonntags darüber.
6. Sie können die *Kollekte zählen.*
7. Sie können *Taufkerzen basteln*. (Motive aus Wachs auf weiße Kerzen auftragen: Taube, Kreuz, Regenbogen, Wasser, Christusmonogramm, Kirche ...)
8. Sie können die *Altargegenstände während des Gottesdienstes bringen*, während der Pfarrer ihre Bedeutung erläutert.
9. Sie können die *Glocken läuten* (oder die Läuteuhr programmieren).
10. Sie können *Gesangbücher* auf Vollständigkeit überprüfen, mit Umschlägen versehen, verzieren, ordnen ...
11. Sie können eine *Hitliste* der in der Gemeinde am liebsten gesungenen Lieder erstellen. Daneben können sie eine Hitliste ihrer Lieder anfertigen und beide Listen im Gottesdienst ausstellen.
12. Sie können am Ende jedes Monats aus Zeitungsausschnitten/Überschriften/Fotos ihr *»stilles Monatsgebet«* auf eine Stellwand in der Kirche anbringen.
13. Sie können nach dem Gottesdienst zu einem *»Konfirmandenfrühschoppen«* einladen, wobei sie eine Kleinigkeit zu essen und zu trinken vorbereitet haben und mit Pfarrer und Mitarbeitern erzählen und zeigen, was im Konfirmandenunterricht derzeit geschieht.

14. Sie können den *Monatsspruch/Wochenspruch graphisch gestalten* und in der Kirche anbringen. (Vielleicht Bilder dazu malen, oder eine Photocollage anfertigen o.ä.).

*Bei etwas Nachdenken wird PfarrerInnen, Mitarbeitern und auch Konfirmanden einiges mehr einfallen. Die Möglichkeiten, Konfirmanden am Gottesdienst zu beteiligen, sind einfacher, als man oft vorgibt. Sie bestehen vielleicht aus Kleinigkeiten. Aber diese Kleinigkeiten steigern die Freundschaft.*

---

## »Wir können noch mehr tun!«

Sonderaufgaben für Konfirmandinnen und Konfirmanden zum Gottesdienst

*Gerhard Engelsberger*

**Zum Thema »Gottesdienst«**

Wir erstellen eine Liste aller kirchlichen Sonntage in ihrer Reihenfolge und erläutern die einzelnen Bedeutungen.

Wir geben zu Liedern, die wir in diesem Gottesdienst gesungen haben, Auskunft auf folgende Fragen:

a: Welche Lieder haben uns gefallen? Welche nicht?
b: Warum haben sie uns gefallen bzw. nicht gefallen?
c: Was haben wir im Text nicht verstanden?

Wir schreiben, was in diesem Gottesdienst anders war als in sonstigen Gottesdiensten und geben unsere Meinung ab zu diesen Änderungen.

Wir zählen die Gottesdienstbesucher an diesem Sonntag. Wir informieren uns über die Gottesdienstbesucherstatistik der letzten Jahre und geben dazu eine Übersicht.

Bei uns läuten die Glocken 9.30 Uhr zum Gottesdienst. Während des Gottesdienstes hört man immer wieder auch andere Glocken läuten. Wir erkundigen uns bei allen evangelischen und katholischen Pfarrämtern in Wiesloch, wann die Woche und Sonntags über in den einzelnen Kirchen Gottesdienste stattfinden und erstellen dann eine »Gottesdienstliste Wiesloch«.

Was war der heutige Predigttext? Wir geben die wesentlichen Aussagen der Predigt in eigenen Worten wieder. Teile aus dem Predigttext oder aus der Predigt, die uns besonders angesprochen haben?

**Zum Thema »Gemeinde«**

Wir geben Auskunft über die Partnerschaft der Evangelischen Kirchengemeinde Wiesloch mit der Brüdergemeinde in Buwa/Südafrika. Wir nehmen dazu Kontakt mit N.N. vom Ältestenkreis auf.

Wir halten den Kollektenzweck des heutigen Gottesdienstes fest. Wir informieren uns über den Unterschied von Kollekte und Opfer und nennen weitere Zwecke aus dem Kirchenjahr. Unterlagen: Gemeindebriefe o.ä.

Wir zählen heute mit den Kirchenältesten gemeinsam das Opfergeld. Wir geben Auskunft über seine Höhe und unterrichten uns anhand der letzten Jahresstatistiken über die Finanzen unserer Gemeinde insgesamt.

Wenn eine Lektorin/ein Lektor den Gottesdienst gestaltet: Unterhaltet Euch bitte nach dem Gottesdienst mit ihr/ihm und stellt folgende Fragen, deren Antworten ihr dann festhaltet:
a: Was ist ein Lektor, eine Lektorin?
b: Was ist ein Prädikant, eine Prädikantin?
c: Welche Ausbildung braucht man dazu?
d: Was kann man als Lektorin alles tun in der Gemeinde?
e: Warum machen Sie zusätzlich zu Ihrem Beruf diesen Dienst?

Heute beginnt die BROT-FÜR-DIE-WELT-Sammlung in der Evangelischen Kirche. Anhand von Unterlagen im Pfarramt könnt ihr berichten über die Geschichte dieser Sammlung, über einzelne Projekte und über die Summen, die bei dieser Sammlung in unserer Gemeinde und insgesamt gespendet worden sind.

Heute hat der Posaunenchor im Gottesdienst gespielt. Wir sprechen nach dem Gottesdienst den Leiter an und bitten ihn, etwas über die Geschichte des Posaunenchores zu erzählen und Auskunft zu geben darüber, ob auch Jugendliche Mitglied werden können. Er wird auch beschreiben, was der Posaunenchor für seine Jugendarbeit tut.

Die Liste unserer Kirchenältesten ist vom Pfarramt zu bekommen; sucht sechs Älteste aus, die ihr nach dem Gottesdienst mit zwei Fragen ansprecht:
a: Was ist Ihr Schwerpunkt im Ältestenkreis unserer Gemeinde?
b: Was ist Ihrer Meinung nach wichtig im Konfirmandenunterricht?

Bei einem Totengedenken im Gottesdienst: Welches Verstorbenen haben wir gedacht? Beerdigungsstatistik und Unterlagen im Pfarramt geben Auskunft zu folgenden Fragen:
a: Wieviele Beerdigungen gab es in den letzten 5 Jahren pro Jahr?
b: Wieviele waren davon Erdbestattungen, wieviele Feuerbestattungen?
c: Wie hoch ist das durchschnittliche Sterbealter in unserer Gemeinde?

**Zum Thema »Taufe«**

Bei einer Taufe im Gottesdienst: Wer wurde getauft? Taufstatistik und Unterlagen im Pfarramt geben Auskunft zu folgenden Fragen:

a: Wieviele Taufen waren in den letzten Jahren?

b: Wie alt waren die Täuflinge? Babies/Kinder/Konfirmanden/Erwachsene

*Zum Thema »Konfirmation«*

Drei Konfirmanden interviewen nach verschiedenen Gottesdiensten jeweils zwei Gottesdienstbesucher, die über 30 Jahre alt sind und stellen folgende Fragen:

a: Wo sind Sie konfirmiert worden?

b: Wer hat Sie konfirmiert?

c: Wie heißt Ihr Konfirmandenspruch?

d: Woran erinnern Sie sich besonders gern?

e: Gibt es auch weniger gute Erinnerungen an die Konfirmanden-Zeit?

f: Wie lange ging der Konfirmandenunterricht?

g: Was waren Ihre Pflichten als Konfirmanden?

h: Gibt es noch etwas, was Sie uns heutigen Konfirmanden gerne sagen würden?

Die »Sonderaufgaben« sind in unserer Gemeinde über ein halbes Jahr verteilt. Die Konfirmanden wählen selbst aus.

## Was wir von Euch erwarten

Anrede der Konfirmandinnen und Konfirmanden an Kirchenälteste

*Gerhard Engelsberger*

Wir Konfirmanden haben uns wie die anderen Gruppen in der Gemeinde auch Gedanken gemacht über die Ältestenkreiswahlen. Wir sind ja selbst noch nicht alt genug, um wählen zu dürfen. Dennoch haben wir Erwartungen und Wünsche an die neuen Ältesten. Wir haben sie unabhängig von Pfarrer und Mitarbeitern zusammengestellt:

- Wir wünschen, daß die neuen Ältesten sich auch um uns kümmern, vielleicht einmal den Konfirmandenunterricht besuchen oder gemeinsam mit uns eine Gesprächsrunde machen. Wir erwarten Offenheit von ihnen und daß sie uns auch als Jüngere ernst nehmen.
- Wir erwarten eine enge Zusammenarbeit mit der Gemeinde. Vor wichtigen Entscheidungen sollte das Gespräch mit allen Interessierten gesucht

werden. Und wenn sich herausstellt, daß ein Beschluß des Ältestenkreises auf große Kritik stößt, sollten die Ältesten auch kompromißbereit sein.

- Kirchenälteste sollten Ansprechpartner für alle Altersgruppen sein. Wenn es sichtbar Probleme in der Gemeinde gibt oder Konflikte zwischen Kreisen oder einzelnen Gemeindegliedern, dann erwarten wir von den Ältesten, daß sie von sich aus auf die Betroffenen zugehen.
- Kirchenälteste sollten weder stur noch kühl sein. Sie sollten Interesse an den Menschen und an ihren Meinungen und Fragen haben.
- Im Ältestenkreis sollten nicht nur Männer vertreten sein.
- Kirchenälteste sollten oft den Gottesdienst besuchen und nicht nur zu Veranstaltungen kommen, um Reden zu halten. Sie sollten beim Gottesdienst auch öfter mitwirken.
- Kirchenälteste sollten mindestens an einem Kreis in der Gemeinde teilnehmen, daß sie auch mitkriegen, was die Leute in der Gemeinde denken.
- Wir wünschen uns, daß sich unsere Kirchenältesten dafür einsetzen, daß die Kirche noch schöner geschmückt wird, z.B. durch Blumenschmuck und bunte Glasfenster. Sie sollen auch dafür sorgen, daß wir im Gemeindezentrum ein schönes neues Dach bekommen.
- Wir erwarten von unseren Kirchenältesten, daß sie sich nicht nur wählen lassen, sondern auch nach der Wahl engagiert sind und man bei ihnen auch spürt, warum sie Älteste geworden sind.

(vorgetragen am Wahltag 1989 von Konfirmandinnen und Konfirmanden)

## Mit Konfirmandinnen und Konfirmanden Gottesdienste gestalten

Anregungen und Beispiele

*Klaus Zillessen*

Gottesdienste mit Konfirmanden – das können Gottesdienste sein, an denen nur die Jugendlichen teilnehmen (z.B. bei einer Konfirmandenfreizeit), die von anderen für die Konfirmanden gestaltet sind, vor allem aber Gottesdienste, die Konfirmandinnen und Konfirmanden *für die Gemeinde* mit vorbereiten und mitgestalten.
Nur selten wird es möglich sein, daß die Jugendlichen einen Gottesdienst in all seinen Teilen selbst erarbeiten. Dazu reichen in der Regel Zeit und Ausdauer nicht. Meist werden es also Teile, Bausteine sein, die die Konfirmanden in den Gottesdienst einbringen können.
Darum gebe ich im Folgenden Anregungen zu solchen Einzelbausteinen. Einiges davon kann im Laufe der Konfirmandenzeit nach und nach aufgegriffen werden.

**Übersicht:**
1. Konfirmanden als »Gastgeber« im Gottesdienst (eine Ideenbörse)
2. Konfirmanden verfassen und sprechen den Eingangspsalm
3. Wir dichten Liedstrophen für den Gottesdienst
4. Konfirmanden gestalten die Lesung
5. Das Glaubensbekenntnis einer Konfirmandengruppe

*1. Konfirmanden als »Gastgeber« des Gottesdienstes*

Ein guter Gastgeber richtet den Raum, in dem er seine Gäste erwartet, festlich her. Konfirmanden können die Rolle des »Gastgebers« spielen:

- Sie richten den Altarblumenschmuck
- Für eine Taufe wird der Taufstein mit Blumen und Grün gekränzt
- Sie können die Osterkerze mit farbiger Wachsfolie selbst dekorieren (z.B.: Jahreszahl, Christusmonogramm XP, Ostersonne und Worte »Christ ist erstanden«)
- Sie stellen Taufkerzen her
- Der Gottesdienstraum wird mit ihrem »Konfirmandenmobile« geschmückt
- Die Konfirmanden basteln den Christbaumschmuck für die Kirche
- Die Konfirmanden backen das Abendmahlsbrot
- Der Gottesdienstraum wird mit einem Wandteppich (Gemeinschaftsarbeit der Konfirmanden von einer Konfirmandenfreizeit) geschmückt
- Oder es gibt nach dem Gottesdienst eine kleine Ausstellung, die von den Konfirmanden zu einem Thema zusammengestellt worden ist.

Zeichnung: Dörte Zillessen

Als Gastgeber könnten die Konfirmanden den zum Gottesdienst eintreffenden Besuchern am Eingang etwas Selbstgebasteltes überreichen, das in Beziehung steht zum Thema des Gottesdienstes, zum Kirchenjahr, zur Predigt, z.B.:

- eine Blume
- ein Faltstern oder Strohstern
- ein Tannenzweig
- einen bemalten oder beschrifteten Stein
- die Jahreslosung, von den Konfirmanden selbst in Linol geschnitten und gedruckt
- ein Stechpalmenzweig mit roten Beeren (an Palmarum oder Karfreitag)
- ein (nach alter Tradition) mit einem Segenswunsch beschriftetes und verziertes Osterei (»Christ ist erstanden«)
- eine Kunstpostkarte mit Bild zum Sonntagsevangelium oder zur biblischen Geschichte, über die gepredigt werden soll
- ein Gebildbrot, d.h. eine Gebäckform, die auf eine biblische Geschichte anspielt: Fisch, Lamm, Stern ...

*2. Konfirmanden sprechen »ihren« Eingangspsalm*
Der Eingangspsalm kann von Konfirmanden(gruppen) im Wechsel (mit Gemeinde oder Liturg) gelesen werden.
Ernesto Cardenal hat in seinen »Lateinamerikanischen Psalmen« (GTB 168) eindrucksvoll gezeigt, wie man Psalmen »weiter«beten kann. Auch wenn die Konfirmanden das dichterische Niveau von E. Cadenal nicht erreichen – warum sollen sie nicht auch einmal versuchen, »ihren« Psalm zu dichten?

Als Beispiel *ein Dankpsalm*:
1. Schritt: Wir lesen Psalm 136 und versuchen die Struktur dieses Psalms zu erkennen.
2. Schritt: Wir übernehmen diese Struktur und bringen unsere Gedanken als Bausteine ein (Anregungen aus Prospekten, Zeitschriften, Fotos ...), z.B. so:

Danket dem Herrn,
denn er ist freundlich
und seine Güte währet ewiglich!

der ....................................
denn seine Güte währet ewiglich!

der ....................................
denn seine Güte währet ewiglich!

der ....................................
denn seine Güte währet ewiglich!
usw.

In einer leicht veränderten Fassung kann das Ergebnis so aussehen:

**Gott sei Dank!**
denn er ist freundlich und seine Großzügigkeit ist grenzenlos!

> Dankt dem Herrn alle,
> Dankt dem Herrn alle Welt!

**Gott sei Dank**
für rote Rosen und den Duft der Lärchenwälder,
für mildes Schwarzwaldklima
und für den Feldberg.

> Dankt dem Herrn ...

**Gott sei Dank**
für ernstes Theater und Geigensaiten,
für bunte Malerpaletten, die Mona Lisa,
und für den lustigen Clown im Zirkus.

> Dankt dem Herrn ...

**Gott sei Dank**
für Aspirin und Hustensaft,
für Krankenhäuser, Kontaktlinsen
und für die Schwangerschaftsfürsorge.

> Dankt dem Herrn ...

**Gott sei Dank**
für schwarze und weiße und gelbe Menschen,
für die Verkehrsmittel, die uns zusammenführen
und für die Sprache, die Verständigung möglich macht.

> Dankt dem Herrn ...

**Gott sei Dank**
denn er ist freundlich und seine Großzügigkeit ist grenzenlos!

Nach dem Modell von Psalm 46 läßt sich ein Bitt- oder Vertrauenspsalm gestalten:

*Liturg:* Gott ist unsere Zuversicht und Stärke,
eine Hilfe in allen Nöten,
darum fürchten wir uns nicht.

*Sprecher 1:* Auch wenn ...
(z.B. eine Situation aus dem Erfahrungsbereich der Jugendlichen)

*Alle:* Der Herr ist mit uns.
Gott ist unser Schutz.

*Sprecher 2:* Auch wenn ...
usw.

*3. Konfirmanden dichten Liedstrophen für den Gottesdienst*
Nach dem Bauplan und auf die Melodie einfacher Gesangbuchlieder können Strophen hinzugedichtet oder neue Lieder getextet werden.

Beispiel: M. G. Schneiders »Dankelied« weitergedichtet:
Danke für ………………………………………………
Danke für ………………………………………………
Danke, daß ich ………………………………………
………………………

Verfahren: Wir singen das Lied, erkennen den Bauplan (auf drei längeren Zeilen folgt eine verkürzte – Zeile 3 reimt sich auf Zeile 1 – Zeile 4 reimt sich auf Zeile 2).

Wir dichten Verse hinzu – das sieht dann z.B. so aus:

Danke für Freunde und für Feinde,
danke für alle Medizin,
Danke, o Herr, für die Gemeinde,
wo ich leb und bin.

Danke für Rehe und für Hasen,
danke auch für das Krokodil. –
Danke für Blumen in den Vasen,
Blüte, Blatt und Stiel.

Danke für dieses schöne Leben,
danke für Fahrrad und für Bahn,
danke, daß ich jetzt grade eben
mit dir reden kann.

Andere Lieder mit einfachem »Bauplan«:
All Morgen … (EKG 336), Vom Himmel hoch (EKG 16), Gen Himmel aufgefahren … (EKG 92), Gott ist anders, Gott ist mehr (R. Schindler).

*4. Konfirmanden übernehmen die Lesung*
Wenn Konfirmanden die Lesung des Sonntagsevangeliums, der Epistel oder des Predigttextes übernehmen, sind Sprechproben erforderlich.
Bei manchen Lesungen bietet es sich an, *im Wechsel* zu lesen, etwa bei Texten mit Dialogstruktur.
Das kann z.B. so aussehen:

Lukas 24,13 ff.:

1. Sprecher/-in: Vers 13–16
2. Sprecher/-in: Vers 17a
1. Sprecher/-in: Vers 17b–18
2. Sprecher/-in: Vers 19a

1. Sprecher/-in: Vers 19b–24
2. Sprecher/-in: Vers 25–27
1. Sprecher/-in: Vers 28–29b
2. Sprecher/-in: Vers 29c–31
1. Sprecher/-in: Vers 32–35

Andere Lesungen, die sich für ähnliche Gestaltungen (zwei oder mehr Sprechstimmen) eignen, sind z.B.:

1. Advent:
Matthäus 21,1–9

Christvesper:
Weissagungen Micha 5,1–3 / Jesaja 9,5–6 / Jesaja 11,1–2 / Jeremia 23,5–6
Lukas 2,1–20

1. Sonntag nach Weihnachten:
Lukas 2,25–38

2. Sonntag nach Epiphanias:
Johannes 2,1–11

3. Sonntag nach Epiphanias:
2. Könige 5,1–19a (Leseszene mit Erzähler und mehreren Sprechstimmen)

Letzter Sonntag nach Epiphanias:
2. Mose 3,1–14

Septuagesimae:
Matthäus 20,1–16a

Invokavit:
Matthäus 4,1–11

Okuli:
Lukas 9,57–62

Palmsonntag:
Johannes 12,12–19

Gründonnerstag:
Johannes 13,1–15

Karfreitag:
Johannes 19,16–30

Osternacht:
Lesungen aus dem Alten Testament

Ostersonntag:
Markus 16,1–8

Quasimodogeniti:
Johannes 20,19–29

Andere Texte legen es nahe, die Lesung mit improvisierten verschiedenartigen (nicht zu lauten) *Schlagzeuggeräuschen* zu unterlegen, z.B. Teile der Passionsgeschichte (sich nahende Schritte, Waffengeklirr, Volksgemurmel, Hahnenschrei, Faustschläge und Geißelhiebe, das Zerreißen von Gewand und Tempelvorhang, Hammerschläge und Erdbeben ...)
Oft kann die Lesung durch eine Bildwand mit erzählenden *Bildtafeln* oder bildlichen Assoziationen in *Collagenform* unterstrichen werden.
Auch Gestaltungsformen wie die *Pantomime* eignen sich.

*5. Ein Glaubensbekenntnis der Konfirmandengruppe*
Anstelle des Apostolischen Glaubensbekenntnisses können drei *Jugendliche* im Gottesdienst ein von der Konfirmandengruppe *selbst zusammengestelltes Glaubensbekenntnis* sprechen.

Dazu werden die Konfirmandinnen und Konfirmanden zum Abschluß der Behandlung des Themas Glaubensbekenntnis ermuntert das niederzuschreiben, was sie als einzelne zur Zeit als ihre persönliche Überzeugung aussprechen könnten. Entweder frei, ohne Vorbilder, mit eigenen Worten und Gedanken – oder in der Weise, daß sie aus drei vorgegebenen Glaubensbekenntnissen aus unserer Zeit Sätze unterstreichen, herausschreiben, abwandeln usw., bis sie diese mit Überzeugung nachsprechen können. Aus den Einzelbekenntnissen der Konfirmandinnen und Konfirmanden wird dann ein gemeinsames Bekenntnis der Gruppe zusammengestellt und redigiert (siehe unten S. 48).

---

## Konfirmanden und Eltern gestalten den Gottesdienst

Eine Anregung *Eckhard Reichelt*

Im Rahmen der *Konfirmanden-Elternarbeit* gestalten die Jugendlichen regelmäßig den *Vorstellungsgottesdienst* als Konfirmandengottesdienst.
Drei bis vier Jugendliche werden zu Beginn des zweiten Konfirmandenhalbjahres Eltern zugeteilt, die sich zur Mitarbeit bereit erklärt haben. Diese Eltern halten nach gründlicher Vorbereitung durch den Pfarrer Vorgespräche mit »ihren« Kindern zu den Themen: Beichte, Abendmahl und Gebet. Die Themenliste kann natürlich beliebig erweitert werden. Als letzte Aufgabe erhalten sie den Auftrag, den Konfirmandengottesdienst vorzubereiten.
Nach ausführlicher Rücksprache mit den Konfirmanden vereinbart das Elternteam bei der Vorbereitung mit dem Pfarrer endgültig, welche Gruppe welchen Teil des Gottesdienstes vorbereiten und ausführen soll. Die Eltern kennen die Kinder inzwischen so gut, daß sie wissen, was sie ihnen zutrauen können.
Die einzelnen Aufgaben – wie Lesungen, Gebete, Predigt usw. – werden im Elternteam mit dem Pfarrer vorbesprochen. Danach bereiten die Gruppen ihre Aufgaben an einem Nachmittag mit den Eltern vor. Die Gruppe mit der Predigt trifft sich meistens öfter.
Die Ergebnisse sieht sich nun der Pfarrer an, um sie mit den Jugendlichen zu besprechen und zu vertiefen. Die Arbeiten sollen möglichst original erhalten bleiben, aber auch keine unnötigen Fehler enthalten, über die sich die Jugendlichen hinterher ärgern.
Die Predigt war bei dieser Arbeit noch nie ein ernsthaftes Problem (OP-Text des jeweiligen Sonntags). Natürlich übernahm sie immer die sprach-

fähigste Gruppe. Entweder formulierten sie zu dritt eine Predigt, oder jeder las seine Gedanken zum Text vor.
Vor dem Gottesdienst wird alles gemeinsam mit dem anwesenden Elternteam geprobt, so daß der Gottesdienst möglichst ohne Pannen gehalten werden kann und sich jedes Kind mit seiner Aufgabe sicher und wohl fühlt.
Das Ergebnis war bis jetzt, daß Jugendliche, die nach der Konfirmation in die Jugendgruppe gehen, immer wieder von sich aus einen kompletten Gottesdienst gestalten: meist ganz normal nach Agende, wie damals beim Konfirmandengottesdienst.

---

## Zwölf Schritte zur Vorbereitung von Gottesdiensten mit einer Konfirmandengruppe

*Gisela Fähndrich*

1. Einige Wochen vor dem Termin des Gottesdienstes wählen die Jugendlichen das Thema im Konsensverfahren.
2. Es folgt in der gleichen Stunde ein erstes brainstorming zum Thema, dann das Ordnen und Festlegen eines Schwerpunktes.
3. Die Jugendlichen und ich sammeln in den darauffolgenden Tagen/Wochen Materialien zum Thema.
4. Ich sichte vorbereitend diese Materialien und wähle nach dem in Schritt 2 benannten Schwerpunkt aus.
5. Ich entscheide über mögliche biblische Bezugstexte.
6. In der Woche vor dem Gottesdienst fahren wir für zwei Tage weg (Freitagnachmittag bis Samstagnachmittag), um intensiver arbeiten zu können. Auf diesem Seminar sichten wir gleich zu Beginn die gesammelten Materialien und entscheiden uns über die Methoden ihrer Präsentation: Rollenspiel, Bildbetrachtung, Information, in Verbindung mit welchen biblischen Texten usw. ...
7. Diese Dinge werden in Untergruppen ausgearbeitet. Alles wird schriftlich festgehalten und anschließend im Plenum vorgestellt, korrigiert, akzeptiert, verworfen.

8. Die Texte, Spiele usw. werden überarbeitet, in »gutes« Deutsch gebracht, an die Gesamtgruppe zurückgegeben. Dies gilt auch für die Gebete.
9. Die Entscheidung fällt, wer was im Gottesdienst übernimmt, also spricht oder in anderer Form präsentiert.
10. Danach schreibt sich jede/jeder den »eigenen« Text handschriftlich ab, um ihn dann auch lesen zu können.
11. Die Konfirmandengruppe entscheidet noch über die Lieder für den Gottesdienst und sucht ein Lied aus, das sie als Gruppe im Gottesdienst vorträgt (Gitarrenbegleitung).
12. Wir fahren am Samstagnachmittag zurück, direkt in die Kirche zur Probe. Am nächsten Vormittag ist der Gottesdienst.

---

## Begrüßung der Konfirmandengruppe und Empfang vor dem Gottesdienst

Erfahrungen und Hinweise *Reinhard Hübner, Magdalena Caspari*

In einer Arbeitsgemeinschaft des Kirchenkreises Niendorf für den Konfirmandenunterricht haben wir uns über mehrere Monate mit dem Thema »Gottesdienst in der Konfirmandenarbeit« beschäftigt. Wir haben mit der Begrüßung, dem Empfang der KonfirmandInnen vor dem Gottesdienst begonnen.
In unserer Alltagserfahrung steht die Begrüßung am Anfang jeder Begegnung. Für den Verlauf der Begegnung ist es entscheidend wichtig, wie ich empfangen werde, bzw. wie ich empfange.
Wenn wir uns das klarmachen, kann die Begrüßung der KonfirmandInnen vor dem Gottesdienst nicht dem Zufall überlassen werden. Für das weitere Erleben des Gottesdienstes ist es von entscheidender Bedeutung, wie sie, die als Fremde in den Gottesdienst als etwas Ungewohntes kommen, begrüßt und empfangen werden.
In der Arbeitsgemeinschaft haben wir an dieser Frage mit methodischen Ansätzen gearbeitet, die in den Konfirmandenunterricht übernommen werden können.

*1. Schritt*

Wir sind von einer biblischen Geschichte ausgegangen (1. Mose 18,1–6), in der berichtet wird, wie Abraham die drei Männer empfängt, die ihm die Geburt seines Sohnes ankündigen.

Und der Herr erschien ihm im Hain Mamre,
da saß er an der Tür seiner Hütte,
da der Tag am heißesten war.

Und als er seine Augen aufhob und sah,
siehe,
da standen drei Männer vor ihm.
Und da er sie sah,
lief er ihnen entgegen von der Tür seiner Hütte
und bückte sich nieder auf die Erde

und er sprach:
Herr, ich habe Gnade gefunden vor deinen Augen,
so gehe nicht an deinem Knecht vorüber.

Man soll euch ein wenig Wasser bringen
und eure Füße waschen,
und lehnt euch unter den Baum.

Und ich will euch einen Bissen Brot bringen,
daß ihr euer Herz labet,
danach sollt ihr fortgehen.
Denn darum seid ihr zu eurem Knecht gekommen.
Sie sprachen: Tue, was du gesagt hast.

Abraham eilte in die Hütte zu Sara und sprach:
Eile und menge drei Maß Semmelmehl,
knete und backe Kuchen.

In diesem Text sind verschiedene Elemente einer Begrüßung, eines Empfanges genannt:

- die Augen aufheben und sehen,
- entgegenlaufen,
- sich niederbücken (sich zur Erde neigen),
- den Gast ansprechen,
- ihn einladen, ihm etwas zu trinken bringen,
- ihm die Füße waschen,
- ihn einladen, es sich bequem zu machen,
- ihm etwas zu essen geben,
- die Gäste nicht aufhalten.

Der Text wird verteilt und vorgelesen. Die Gesamtgruppe teilt sich in Dreier- oder Vierer-Gruppen auf. Sie wählt eine Situation aus der Begrüßungszere-

monie und stellt ein Bild dazu. Um die Aussage dieses Bildes deutlicher zu machen, soll es ein einziges Mal durch eine kleine Bewegung verändert werden und dann wieder erstarren.
Vorbereitungszeit etwa 15 Minuten.
Im Anschluß an die Einzelarbeit werden die einzelnen Szenen vor der Gesamtgruppe gespielt und im Gespräch ausgewertet.

*2. Schritt*
Wie möchte ich begrüßt werden?
Papier und Stifte werden verteilt, jede, jeder arbeitet für sich allein. Im Anschluß daran werden die Ergebnisse im Plenum vorgelesen, ohne daß sie von den anderen noch kommentiert werden.
Das wurde in der Arbeitsgemeinschaft unter anderem gesagt:
- Ich möchte angesehen werden,
- ich möchte mit meinem Namen angeredet werden,
- ich möchte auch körperlichen Kontakt aufnehmen durch das Handgeben oder durch eine Umarmung,
- ich möchte spüren, daß der andere mich erwartet und daß er Zeit für mich hat,
- ich möchte nicht vereinnahmt werden, sondern die Möglichkeit haben, behutsam Vertrauen zu fassen,
- ich möchte, daß nach mir gefragt wird und ich ein Interesse an meiner Person erkenne.

Die Stichworte, die genannt werden, kommen zum Teil wortwörtlich so in biblischen Texten vor. Zum Beispiel Mark 10.13: »Sie brachten Kinder zu Jesus, damit er sie anrührte.« Oder Luk 15, das Gleichnis vom verlorenen Sohn: »Der Vater erwartet ihn.« Oder Jesaja 43.1: »Ich habe dich bei deinem Namen gerufen, du bist mein«.
Das heißt: Wir kommen mit unseren Wünschen, Hoffnungen und Sehnsüchten in der Bibel vor und weiter: Diese Wünsche sind nicht nur sehr menschlich, sondern auch legitim und werden von Gott ernst genommen. Dort, wo sie erfüllt werden, leuchtet Reich Gottes auf. Es ist also nicht gleichgültig und sollte nicht dem Zufall überlassen werden, wie wir Menschen empfangen und begrüßen, dies um so mehr bei den Konfirmandinnen und Konfirmanden, die in dieser Zeit oft ihre erste Berührung mit Kirche und Gemeinde haben und gerade in solchen Begegnungen lernen, was der christliche Glaube meint.

*3. Schritt*
Welche Rituale sind möglich, welche Formen für die Begrüßung vor dem Gottesdienst? Es muß eine Form sein, die nicht vereinnahmt, aber trotzdem deutlich macht, daß die/der einzelne liebevoll gesehen und aufgenommen wird, und die die Bereitschaft unterstützt, in der Gemeinschaft mit den anderen den Gottesdienst zu feiern.

Es finden sich Kleingruppen zusammen, um einander Erfahrungen, die bereits vorliegen, mitzuteilen und gemeinsam Ideen für Formen der Begrüßung vor dem Gottesdienst zu entwickeln.
Dabei entstand folgendes Modell:
Die KonfirmandInnen treffen sich eine Viertelstunde vor Gottesdienstbeginn im Vorraum der Kirche mit der/dem Gruppenleiter/in. Sie begrüßen einander und tauschen sich über das aus, was sie gerade bewegt. Danach stellen sie sich in einem Kreis auf und kommen zur Ruhe. Sie sprechen sich gegenseitig einen Segenswunsch zu. Jede/r Konfirmand/in erhält einen Zettel, auf dem ein Satz steht, der in dem Gottesdienst, der an diesem Sonntag gefeiert wird, vorkommt. Er kann aus der Liturgie, aus einem Lied oder aus der Predigt sein. Die KonfirmandInnen nehmen diesen Zettel mit in den Gottesdienst und achten darauf, wann und wo dieser Satz vorkommt. In der folgenden Konfirmandenstunde kann darüber gesprochen werden. Auf dem Zettel soll immer wieder ein bestimmtes Symbol auftauchen, das sich diese besondere Konfirmandengrupe ausgewählt hat.
Leiter/in und KonfirmandInnen ziehen gemeinsam in die Kirche ein und setzen sich, wenn möglich, zusammen hin. Dadurch nimmt die Gemeinde ihre Konfirmanden, anders als sonst, als eine geschlossene Gruppe wahr, die eine ganz besondere Bedeutung in der Gemeinde hat: Sie werden auf den Konfirmationssegen vorbereitet.
Außerdem tauchten noch folgende Ideen auf:

- Jede/r Konfirmand/in erhält vor dem Gottesdienst eine Blume oder eine Kerze, um damit den Altar zu Beginn des Gottesdienstes zu schmücken.
- Jede/r Konfirmand/in erhält zu Beginn des Gottesdienstes ein kleines Geschenk, das etwas mit dem Predigttext des Sonntags zu tun hat. Das könnte auch in Form eines Symbols sein.
- Jeder bekommt zu Anfang ein Kreuz, das er mit in den Gottesdienst nimmt und am Ende ablegt, das ihn also während des Gottesdienstes begleitet.
- Im Vorraum der Kirche steht eine Tafel, an der Holztäfelchen befestigt werden können. Auf diese Holztäfelchen haben die Konfirmanden (oder auch andere Gemeindemitglieder) während der Woche Situationen und Anliegen aufgeschrieben, für die in dem kommenden Gottesdienst gebetet werden soll; Situationen, die das Leiden Christi in der Welt aufzeigen, und zwar aktuelle Leiden. Die Gemeindeglieder, die zum sonntäglichen Gottesdienst kommen, nehmen dann, wenn sie mögen, eines der Täfelchen mit und legen es vorne auf den Altar. Damit sind die Situationen und Anliegen benannt, die in der Fürbitte aufgenommen werden sollen.
- Die Konfirmanden treffen sich mit der Leiterin / dem Leiter eine dreiviertel Stunde vor dem Gottesdienst, frühstücken miteinander und erzählen, was sie in der vergangenen Woche bewegt hat. Sie gehen dann gemeinsam in die Kirche.

*Überlegungen zur Arbeit mit den Konfirmanden an dem Thema*
An dem Thema »Begrüßung« kann mit den oben ausgeführten Ansätzen gearbeitet werden.
Eine weitere Möglichkeit: Es werden in der Konfirmandengruppe Untergruppen gebildet, die jeweils unterschiedliche Begrüßungssituationen spielen. Also etwa: Wie werde ich im Sportverein begrüßt, in der Schule, zu Hause, bei Freunden, im Konfirmandenunterricht, im Gottesdienst usw.? Die Zuschauer müssen jeweils erraten, welche Situation gerade gespielt wurde.
Das Ritual der Begrüßung vor dem Gottesdienst sollte allerdings nicht von den Konfirmanden erarbeitet, sondern mit ihnen eingeübt werden. Es geht ja bei dem Thema Gottesdienst nicht darum, eine neue Gottesdienstform mit den KonfirmandInnen zu entwickeln, sondern sie dahin zu führen, sie darin einzuüben, daß sie mit der Gemeinde diesen vorgegebenen Gottesdienst feiern können. Die Beschäftigung mit dem Thema Begrüßung kann aber eine Hilfe sein, sich in dieses Ritual hineinzubegeben, und es mit der Konfirmandengruppe zu Beginn jedes Gottesdienstes zu vollziehen. Es muß dabei natürlich möglich sein, daß auf Anregung der Konfirmanden das eine oder das andere Element der Begrüßung verändert wird. Sie können auch insofern beteiligt werden, als sie sich selber einen Segenswunsch überlegen und einander zusprechen.

(Erstmals veröffentlicht in »Lernort Gemeinde« H 2/90)

## Lobpreis des Schöpfers

Eine Text-Klang-Partitur zu Psalm 104

*Johannes Gerrit Funke,*
*Karin Mirtsch*

Die Grundidee: durch eine klangliche Untermalung und Begleitung des 104. Psalms dessen Aussage zu verstärken und auf neue Weise intensiv erlebbar zu machen. Dies eröffnet zugleich neue meditative Zugänge zum Text des Psalms.
Aus der intensiven Beschäftigung einer siebenköpfigen Katechumenengruppe mit dem biblischen Text und dem gleichzeitigen Vertrautwerden mit den Orffschen Instrumenten entstand eine »Text-Klang-Partitur«. Die Kinder wählten sowohl lautmalerisch-naturalistische Klänge an geeigneten Stellen (z.B. Blitz durch Zimbel verklanglicht; Donner durch Handpauke),

als auch symbolische Klänge an anderen Stellen (der Zweiklang von Klangstäben für »Du. Dich. Dein«; Triangel für Himmel). Es ergab sich zudem, daß sie über das Orffsche Instrumentarium hinaus Alltags- und andere geeignete Gegenstände als klangproduzierende »Instrumente« entdeckten und auch einsetzten (z.B. Schöpfkelle mit Wasser; Reisig; Pappstreifen).

Gelesen haben wir Psalm 104,1.3b.10–17.27–34, in der Übersetzung von H. und J. Zink: Wie Sonne und Mond einander rufen. Gespräche und Gebete mit Kindern. Kreuz-Verlag, 6. Aufl. 1989, S. 86–87.
Die Untermalung mit Klängen erfolgte gemäß dieser Instrumentierung:

| *Klangbild:* | *steht für:* |
|---|---|
| Holzxylophon in 3 Phasen aufwärts | »ich freue mich« |
| Klangbausteine c,f | du, dein, dich |
| Becken mit Filzschlägel | Pause |
| Glockenspiel aufwärts | »schön«, »schön u. groß«, »ich freue mich« |
| Schellenkranz | Sonne |
| Triangel 3 x | Himmel |
| über Handtrommel streichen | Wolken |
| Panflöte »pusten« | Wind, Atem |
| Pappstreifen wedeln | Sturm |
| Becken mit Stab, schnell-rhythmisch | Regen |
| Holzröhrentrommel rollen | Wagen |
| Cymbeln zusammenschlagen | Blitz, es blitzt |
| Handtrommel mit 2 Schlägeln | Donner |
| Wasser plätschern lassen | Bach, vom Wasser trinken sie |
| Xylophon tiefe Töne rhythmisch | Rehe |
| Xylophon hohe Töne rhythmisch | Hasen |
| Cabasa | Gras |
| Xylophon auf und ab | weiches Fell |
| Rassel | Nahrung, füttern, Speise |
| Reisig knistern lassen | Getreide, Blätter, Nest |
| »kracken« (Erdnuß am Mikrophon) | Bäume mit großen starken Ästen |
| Schellenstab | Vögel |
| Guiro Shraper | Hunger |
| Xylophon aufwärts-abwärts | »dann finden sie, was sie brauchen« |
| summen | »singen mit meiner Stimme« |
| Holzröhrentrommel rhythmisch | reden |
| Glockenspiel aufwärts-abwärts | »was dir gefällt« |

Zur »Aufführung« ist zu sagen, daß die Klänge in die Verlesung des Psalmtextes im Gottesdienst »hineingespielt« wurden. Tempo und Rhythmus des

Lesens und der Klänge waren dem meditativen Ziel der Sache angepaßt. Für unsere Katechumenengruppe war wichtig, daß sie von einem für die Gottesdienstbesucher nicht einsehbaren Ort (in unserem Kirchsaal: hinter dem Altar) aus agieren konnte. Die Klänge wurden über ein bewegliches Mikrophon und die Beschallungsanlage in den Gottesdienstraum getragen.

Klang-Partitur nach Psalm 104

Ich freue mich *(Holz-Xylophon in 3 Phasen »aufwärts« streichen)*, Vater im Himmel,
ich freue mich *(Holz-Xylophon s.o.)*, daß du *(Klangbausteine 2 Töne c,f)* da bist *(Becken mit Filzschlägel)*.

Du *(c,f)* bist schön *(Glockenspiel »aufwärts«)*. Schön wie die Sonne *(Schellenkranz)*
und wie der blaue Himmel *(Triangel 3 x)*.

Und wenn Wolken *(über Handtrommel »streichen«)* kommen,
wenn der Wind *(Pan-Flöte »pusten«)* bläst und der Sturm *(Pappe »wedeln«)* tobt
und der Regen *(Becken mit Stab, schnell-rhythmisch)* gegen das Fenster schlägt,
dann weiß ich:
Du *(c,f)* bist in den Wolken *(Handtrommel streichen)*.
Wie in einem großen Wagen *(Holzröhrentrommel rollen)*
fährst du *(c,f Klangbaustein)* über den Himmel *(Triangel 3 x)*.

Und wenn es blitzt *(Cymbeln zusammenschlagen)* und der Donner *(Handtrommel mit 2 Schlägeln)* kracht, dann kommen sie aus deiner *(c,f)* Hand, der Donner *(Handtrommel)* und der Blitz *(Cymbeln, Becken mit Filzschlägel)*.

Von dir *(c,f)* kommt der Bach *(Wasser plätschern)*,
und dorthin kommen die Rehe *(Xylophon, tiefe Töne rhythmisch)*
und die Hasen *(Xylophon, hohe Töne rhythmisch)*,
und sie trinken *(Wasser plätschern)* von dem Wasser,
das du *(c,f)* fließen läßt.

Sie fressen das Gras *(Cabasa)*, das du *(c,f)* wachsen läßt,
und sie werden schön *(Glockenspiel »aufwärts« streichen)* und groß
und bekommen ein weiches Fell *(Xylophon »auf und ab« streichen)*,
weil du ihnen Nahrung *(Rassel)* gibst.
Und wir freuen *(Xylophon »aufwärts« in 3 Phasen)* uns, wenn das Getreide *(Reisig »knistern« lassen)* groß und voll ist,
weil du *(c,f)* uns das Brot gibst *(Becken mit Filzschlägel)*.

Du *(c,f)* hast die Bäume gemacht mit ihren großen *(»kracken« [Erdnuß])*, starken Ästen,

und den vielen Blättern *(Reisig)*,
in denen sich die Vögel *(Schellenstab)* verstecken,
wo sie ihr Nest *(Reisig)* bauen
und ihre Eier legen
und ihre Kinder füttern *(Rassel)*,
bis sie fliegen können *(Becken mit Filzschlägeln)*.

Alle warten auf dich *(c,f)*, wenn sie Hunger *(Guiro Shraper)* haben
und du *(c,f)* gibst ihnen ihre Speise *(Rasseln)*.
Wenn du *(c,f)* ihnen gibst *(Xylophon aufwärts treichen)*,
dann *(Xylophon aufwärts)* finden sie, was sie brauchen *(Xylophon abwärts, Becken mit Filzschlägeln)*.

Ich freue mich *(Xylophon, 3 Phasen »aufwärts« streichen)*, ich freue mich an dir *(c,f, Xylophon)*,
und solange du *(c,f)* mir den Atem gibst *(über Pan-Flöte »pusten«)*,
*will ich dir (c,f)* singen mit meiner Stimme *(Summen)*
und reden *(Holzröhrentrommel rhythmisch)* und reden,
was dir *(c,f)* gefällt *(Glockenspiel auf- und abwärts streichen)*.

Ich freue mich *(Xylophon, in 3 Phasen »aufwärts« streichen)*.
Ich freue mich *(Glockenspiel dto.)*,
Vater im Himmel *(Triangel 3 x)*,
ich freue mich *(Xylophon, Glockenspiel »aufwärts« streichen)*,
daß du *(c,f)* da bist *(Becken mit Filzschlägel)*.

*Weitere Lieder und Texte aus dem Gottesdienst:*
EKG 346,1–3
Ein Lied für die Sonne (D. Jöcker, aus: Solange die Erde lebt. Menschenkinder Verlag)
Laudato si (aus: Mein Liederbuch, tvd-Verlag, Nr. B 10)
Sonnengesang des Franziskus von Assisi (Quelle: Schöpfung am Kreuz, hrsg. H. Beier u.a., Jugenddienst-Verlag 1985, S. 265ff.; dabei wurden die dort italienischsprachig abgedruckten Strophen sowie diejenige über »Schwester Tod« weggelassen)

---

## Gebet

In einem Gottesdienst an »Rogate« *Arno Schmitt*

Ich möchte beten, Gott.
Mit dir reden.
Dir alles erzählen:

Was ich erlebt habe.
Was ich getan habe.
Was ich versäumt habe.
Was mich freut und was mich ärgert.
Worauf ich stolz bin und wofür ich mich schäme.

Doch manchmal kann ich nicht beten.
Da fällt mir nichts ein.
Da mag ich einfach nicht.
Da sehe ich keinen Sinn darin.
Da ist mein Zweifel riesengroß.

Laß mich dann einfach so an dich denken, Gott,
Still sein einfach ...
Meinen Zweifeln nachgehen ...
Die Initiative dir überlassen ...
Es morgen vielleicht noch einmal versuchen ...
Und darauf setzen: Blinden werden die Augen aufgehen
Und das Sagen werden die Verstummten haben.

Daß du da bist: Ich glaube, hilf meinem Unglauben!
Daß du mich hörst: Ich halte mich an dein Wort!
Daß du mich liebst: Die Hoffnung kommt von dir! Amen.

---

## Vom Umgang mit Liedern

Glaube, Hoffnung, Liebe – unvollkommen *Dietrich Mendt*

Zwischenverse zu dem Lied »Hilf, Herr, meines Lebens«
(von Konfirmanden gesprochen und in der Vorbereitung entstanden)

Nach Vers 1:
Herr,
unser Glaube ist unvollkommen.
Es kann die Welt so schön sein ohne dich.
Man fliegt zum Mond und kann Atome spalten,
man hat den Sekt erfunden und das Geld,
kann schneller fahren als die Polizei erlaubt,
wenn es das Moped zuläßt.
Es schadet keinem,
wenn er dich nicht kennt.
Die Menschen spotten deiner, das tut weh.
Der Übermut der Welt bringt uns ins Wanken.
Und du bist oft verschwommen.
Hilf uns glauben, Herr!

Nach Vers 2:
Herr,
unsre Hoffnung ist so unvollkommen.
Das Leben heut ist näher als der Morgen.
Denn heute kann ich essen, lachen, schlafen
und kann ins Kino gehn und in die Disko.
Das halt ich fest,
das kann mir niemand nehmen.
Du weißt, nur du allein,
was morgen sein wird, weißt es wirklich.
Dann laß es uns auch wissen!
Hilf uns hoffen, Herr!

Nach Vers 3:
Herr,
unsre Liebe ist so unvollkokmmen.
Sie ist zu rasch und ohne Überlegung.
Sie hält nur einen Herzschlag lang
und ist vorbei, verweht, vergessen.
Nicht dort, wo Not ist, wird die Liebe wach.
Nicht mit der Sorge will sie sich befassen.
Nicht so, wie du geliebt hast, lieben wir,
nicht so wie Jesus damals.
Hilf uns lieben, Herr!

## Jesus trägt unsere Krankheit

Ein Lied aus einem mit Konfirmanden gestalteten Gottesdienst für geistig Behinderte und ihre Angehörigen über den Vers 2. Korinther 4,10: »Wir tragen allezeit das Sterben Jesu an unserm Leibe, damit auch das Leben Jesu offenbar werde an unserm sterblichen Fleisch.« Es ist ein Lied, das alle mitsingen und selbständig weiterdichten können:

Jesus trägt unsre Krankheit.
Jesus trägt unsre Krankheit.
Und alle tragen mit.
Und alle tragen mit.

Das Lied wird vorgesungen, nachgesungen und durch Zuruf einzelner Begriffe als Antwort auf die Frage »Was trägt Jesus noch?« weitergesungen. Beispiele: Trauer, Schmerzen, Sterben …

Jesus trägt unsre Krankheit (Dietrich Mendt)

Alle gehören dazu

Ein Lied zum Mitsingen (und selber Weiterdichten) zu Markus 3,31–35.
Text: Konfirmanden; Melodie: Pfarrer.

(Refrain)
Alle gehören dazu!
Ich und du
gehören dazu.
Wir alle gehören dazu!

1. (einer) Wir Christen sind eine Familie,
auch die Kinder gehören dazu.
(alle) Wir Christen sind eine Familie,
auch die Kinder gehören dazu.
Alle gehören …

2. (einer) Wir Christen sind eine Familie,
auch die Eltern gehören dazu.
(alle) Wir Christen …

3. beliebige weitere Verse über »Konfirmanden«, »Ausländer«, »Behinderte« usw.

Alle gehören dazu

## Glaubenssätze erarbeiten

*Hans Martin Nicolai*

Neben das Glaubensbekenntnis der Gemeinde möchte ich hin und wieder Glaubenssätze der Konfirmandinnen und Konfirmanden stellen. Die Jugendlichen sollen dabei mit eigenen Worten ausdrücken, was sie in der Konfirmandenzeit vom Glauben kennenlernen und erfahren. An Material benötige ich nur drei Plakate mit angefangenen Sätzen, Blätter DIN A5 und Filzstifte.

Drei Schritte sind erforderlich:

a) Wir sitzen im Halbkreis. An der Wand ist Platz für drei Plakate. Das Vorhaben wird erläutert. Je nach Unterrichtsaufbau kann dabei an das Glaubensbekenntnis und seine Entstehung angeknüpft werden.

Drei Plakate werden aufgehängt mit je einem Satz

»Wir leben davon, daß Gott ...«

»Wir leben davon, daß Christus ...«

»Wir leben davon, daß der Heilige Geist und die Gemeinde ...«

Die Gruppe erhält den Auftrag, diese Satzanfänge in ihrem Sinn zu ergänzen. Alle können so viele Ergänzungen schreiben, wie sie wollen. Dabei soll beachtet werden, daß auf ein DIN-A5-Blatt jeweils nur eine Ergänzung bzw. ein Gedanke geschrieben wird.

b) Die einzelnen Satzergänzungen werden zusammengetragen und eine nach der anderen vorgelesen und auf eines der Plakate geklebt. Wenn alle vorgelesen und die Plakate beklebt sind, ordnen wir die einzelnen Aussagen zueinander und würdigen das Gesamtergebnis.

c) Einige erklären sich bereit, das Ergebnis kopierfähig abzuschreiben (für jedes Plakat zwei) und im Gottesdienst vorzutragen.

Außer den oben genannten Satzanfängen eignen sich auch:

Ich glaube an Gott ...

Ich glaube an Jesus Christus ...

Ich glaube an den Heiligen Geist und die christliche Gemeinde ...

oder:

Von Gott ist mir wichtig ...

Von Jesus Christus ist mir wichtig ...

Vom Heiligen Geist und von der christlichen Gemeinde ist mir wichtig ...

Beispiele aus der Erprobung:

Wir leben davon, daß Gott alle Menschen liebt, uns unser tägliches Brot gibt, auf uns aufpaßt, uns beschützt und uns so annimmt, wie wir sind.

Wir leben davon, daß Christus uns erlöst hat und sich für uns geopfert hat.
Bei ihm sind alle Menschen gleich, ob arm ob reich.
Wir leben davon, daß Christus jedem hilft und die Schuld vergibt, daß er barmherzig ist und sich mit seiner Meinung durchgesetzt hat.
Wir leben davon, daß in der christlichen Gemeinde jeder aufgenommen und angenommen wird. Amen.

---

## Glaubensbekenntnisse von Konfirmandengruppen

*Klaus Zillessen*

1.
(R.): Ich glaube, daß Gott die ganze Natur geschaffen hat und in uns das Vertrauen setzt, mit seiner Schöpfung richtig umzugehen. Ich liebe und vertraue Gott, weil er für mich ein richtiger Vater ist.

(M.):Er hat mir das Leben gegeben. Mein Leben und die ganze Welt sind in seiner Hand. Er stellt mir Aufgaben. Ich kann mit ihm über alles sprechen. Er schenkt mir Freude und Geborgenheit und führt mich durch Gefahren und Traurigkeiten hindurch, damit ich dankbar werde.

(Ma.): Ich glaube, daß Gottes Macht und Kraft in Jesus gegenwärtig war: Jesus half Kranken, vergab Sündern und wurde am Kreuz zum Opfer für andere – und zum Vorbild. Er lehrt mich, Freunde und Feinde zu verstehen, mit ihnen auszukommen und ihnen gerecht zu werden. Jesus starb auch für mich. Ich danke ihm dafür. Weil er stärker ist als der Tod, glaube ich an das ewige Leben.

(T.): Ich glaube, daß Gottes Geist bei uns ist: wenn wir vom Glauben reden, wenn Glaube, Liebe und Zuversicht wachsen, wenn Menschen zueinanderfinden, wenn ich andere akzeptieren kann so wie sie sind, und wenn ich Glück und Leid, Helles und Dunkles aushalten kann. Amen.

2.
Ich glaube an Gottes Größe und Liebe.
Er ist der gute Hirte, Lehrer und barmherzige Richter.
Ich danke Gott, daß er die Natur erschaffen hat, von der wir leben.
Ich danke ihm für mein Leben, das mir so viel bedeutet.
Ich hoffe, daß er mir meine Gesundheit erhält, damit ich für andere dasein kann, so wie er mir hilft und Mut macht.

Ich danke Gott für die Menschen um mich herum:

für meine Eltern, die für mich sorgen und mich lieb haben,

für meine Geschwister, die ich gern habe, auch wenn sie mir Sorgen machen,

für Freunde und Freundinnen, denen ich vertrauen kann,

für Großeltern, ihre Güte und ihr Vorbild,

für die Hilfsbereitschaft meiner Schulklasse ...

Ich glaube, daß Gott in Freude und Leid für mich da ist.
Er verzeiht mir barmherzig alle meine Schuld und hört zu, wenn ich um Hilfe rufe.
Leben und Tod gehören Gott, deswegen glaube ich an ein ewiges Leben nach dem Tode.

Ich glaube, daß Jesus Christus mein Herr ist.
Er kam, um uns nachdenklich zu machen und damit wir besser verstehen, wie Gott ist und wie wir Menschen miteinander umgehen sollen.
Ihm waren Männer und Frauen, Schwarze und Weiße gleich viel wert.
Er verstand die Menschen und hatte sie lieb.
Er half denen, die in Not waren.
Er hat unsere Schuld auf sich genommen, für uns gelitten und ist für uns in den Tod gegangen.
Ich möchte so mutig sein wie er.
Ich glaube, daß Jesus gelebt hat und immer lebendig sein wird.

Ich glaube, daß Gottes und Jesu Geist unter uns wirksam ist, uns beisteht, über uns wacht und Glauben in mir wachsen läßt. Ich hoffe darauf, daß sein Geist uns Menschen zur Einsicht bringt, damit wir nicht länger Haß säen und Kriege führen, sondern einander beistehen in geschwisterlicher Liebe.

3.
Ich glaube, daß Gott der Schöpfer, Jesus Christus und der Heilige Geist drei Seiten des einen Gottes sind.
Gott ist unser Vater.
Er hat alles Leben geschaffen.
Die Welt steht unter seinem Schutz.
Sein Wille geschieht im Himmel und auf Erden.
Er hat unser Leben in seiner Hand und lenkt unser Schicksal.
Er läßt uns nicht im Stich, was auch geschieht.
Man kann ihm vertrauen.
Wenn ich traurig bin, ist er mir nahe.
Wenn ich ihn brauche, ist er bei mir.
Wie er geholfen hat, so hilft er auch in Zukunft,
auch wenn ich nicht an ihn denke und nicht nach seinem Willen gehandelt habe.

Ich glaube an Jesus Christus.
Er hat für uns Schmerzen gelitten und ist für uns gestorben.
Er hat sein Leben für uns geopfert.
Ich glaube, daß Jesus auferstanden ist und uns so gezeigt hat,
daß wir nach unserm Tode neu leben dürfen.
Auf unsichtbare Weise ist er uns nahe.
Ich kann ihm alles sagen, auch das, was mir Sorgen macht,
und dann bin ich erleichtert und froh.
Er ist für mich wie ein Schutzengel, der mich liebt und behütet.

Ich glaube, daß Gottes Geist und Kraft bei uns ist.
Er hilft uns zu glauben und zu leben.
Er führt uns mit anderen Menschen zusammen.
Er will Frieden und verzeiht, wenn wir alles falsch gemacht haben.
Er bleibt uns nahe, auch wenn wir Angst haben und sterben. Amen.

4.

Ich kann zwar fast nicht glauben, daß *Gott* etwas mit der Erschaffung der Erde zu tun hat – aber andererseits ist es auch ganz unbegreiflich, daß etwas so unvorstellbar Kompliziertes wie Leben und Natur von allein entstanden sein sollen.
Aber *das* glaube ich, daß Gott der Einzige ist (verschiedene Religionen geben dem Einen nur unterschiedliche Namen),
und *das* glaube ich auch: daß Gott uns Menschen liebt, daß er mein Leben in der Hand hat und allen hilft, die Sorgen haben und Hilfe brauchen.
Gott will über mein Leben bestimmen. Er braucht uns.
Er überläßt uns die Welt zu verantwortlicher Gestaltung.

Ich glaube, daß *Jesus* Gottes Sohn ist: zwar sind wir alle Gottes Kinder, aber Jesus ist ein besonders auserwähltes Gotteskind.
Gott hat ihn geschickt, um uns zu helfen.
Jesus ist mit seinem Leben ein Vorbild für uns. In seinem Sterben hat er sich für uns hingegeben. Weil Gott stärker als der Tod ist, ist Jesus auferstanden.

Ich glaube, daß Gottes *Geist* unter uns wirksam ist, mich tagaus, tagein begleitet und mir zu leben und zu glauben hilft.
Ich brauche seinen Geist. Darum bitte ich Gott darum.
Ich glaube an die *Auferstehung* nach dem Tode und daß Gott uns dann ein Leben schenkt, in dem wir frei und friedlich miteinander leben können.
Dann darf ich Jesus Christus sehen. Amen.

# Credo – alt und neu

*Susanne Labsch*

Das Apostolische Glaubensbekenntnis, erklärt mit Aussagen aus modernen Glaubensbekenntnissen

*Gabi: Ich glaube an Gott, den Vater, den Allmächtigen, den Schöpfer des Himmels und der Erde …*
*Olga:* Ich glaube an Gott, den Vater aller Menschen,
*Thorsten:* einer bunten Menschheit, blind für Hautfarben.
*Mario:* Ich glaube, daß Gott die größte Macht hat, daß ich mich auf ihn verlassen kann.
*Melanie:* Er hat die Welt erschaffen, er hat die Menschen zu seinem Bild gemacht.
*Christian:* Er ist der Schöpfer der Gedanken, der Musik, des Friedens und der Liebe, der Wälder, der Häuser und des Mondes.
*Yvonne:* Er hat diese Welt für alle Menschen erschaffen.
*Diana:* Er hat eine Fülle von Kostbarkeiten ausgeschüttet, zur gerechten Verteilung unter sein Volk.
*Daniel:* So wie mich rief er die ganze Welt ins Dasein. Ihm gehört sie.

*Gabi: Ich glaube an Jesus Christus, seinen eingeborenen Sohn, unseren Herrn, empfangen durch den Heiligen Geist, geboren von der Jungfrau Maria …*
*Melanie:* Wir glauben, daß Gott in Jesus Christus zu uns gekommen ist,
*Olga:* wir glauben an Jesus Christus, menschgewordenen Gott auf Erden,
*Thorsten:* geboren von einer Frau des einfachen Volkes.
*Valentina:* Sie gab ihm Hoffnung zum Leben.
*Daniel:* Ich glaube, daß Jesus war, was wir sein sollen.
*Yvonne:* Er nennt alle Menschen seine Brüder und Schwestern.
*Mario:* Jesus hat mir gezeigt, was Leben ist: anderen helfen und gegen Ungerechtigkeit und Lüge kämpfen. Ich möchte von ihm lernen so mutig zu sein. Er hilft mir, daß ich den Mut finde.

*Gabi: … gelitten unter Pontius Pilatus, gekreuzigt, gestorben und begraben …*
*Nathalia:* Wir glauben an Jesus Christus, der aus Liebe zu uns starb.
*Valentina:* Er gab denen, die unter dem Gesetz litten, die Liebe.
*Daniel:* Weil er liebte, mußte er so leiden.
*Diana:* Er wurde verlacht, entstellt und hingerichtet.

*Gabi: … hinabgestiegen in das Reich des Todes, am dritten Tage auferstanden von den Toten, aufgefahren in den Himmel.*

*Daniel:* Er starb nicht umsonst.
*Thomas:* Ich glaube nicht, daß Leiden umsonst geschehen müssen.
*Melanie:* Gott gab ihm ein neues Leben, durch seine Auferstehung wird uns klar, wie sehr Gott die Menschen liebt.
*Nathalia:* Jesus Christus befreit uns von Schuld, Angst und Tod.

*Gabi: ... er sitzt zur Rechten Gottes, des allmächtigen Vaters, von dort wird er kommen, zu richten die Lebenden und die Toten.*
*Diana:* Er stürzt die eiserne Herrschaft der Ungerechtigkeit.
*Thorsten:* Er hält Gericht über Haß und Arroganz von Menschen
*Daniel:* und all die Toten, die Lebenden und die Kommenden.

*Gabi: Ich glaube an den Heiligen Geist ...*
*Olga:* Ich glaube, daß der Geist Gottes bei uns ist.
*Yvonne:* Gottes Geist weckt Mut und Phantasie, Gottes gerechtere Ordnung und eine menschlichere Zukunft zu schaffen.

*Gabi: ... die heilige christliche Kirche, Gemeinschaft der Heiligen ...*
*Melanie:* Gott schließt uns zusammen zu einer weltweiten Kirche,
*Diana:* die Gemeinschaft der Ungezählten,
*Mario:* er ist zwischen mir und meinen Freunden, wenn wir vom Glauben reden oder von anderen Dingen. Ich glaube, daß Jesus nicht tot ist, sondern lebendig bei uns.
*Nathalia:* Wir glauben an den Gott, der will, daß wir mit ihm wirken, der Welt und den Menschen zugute.

*Gabi: ... an die Vergebung der Sünden, Auferstehung der Toten und das ewige Leben.*
*Melanie:* Jesus Christus nimmt uns die Angst auch vor Tod und Gericht.
*Diana:* Ich glaube an die Auferstehung der Menschen in Gerechtigkeit und Gleichberechtigung,
*Thorsten:* an den Sieg der geschwisterlichen Liebe
*Thomas:* und an den Frieden für alle Menschen. Amen.

## Fünf Minuten mit Gott reden

Wenn ich 5 Minuten mit Gott reden könnte, dann würde ich ihn darum bitten:

- daß es nie wieder Krieg geben wird
- daß die Umweltverschmutzung aufhört
- daß alle Menschen genug zu essen haben
- daß es keine schlimmen Krankheiten gibt an denen Menschen sterben müssen,
- daß es keine Rassenverfolgung mehr gibt.

Lieber Gott, warum läßt Du so viele Menschen sterben? ...
Bitte laß mich ~~doch~~ freier sein, daß ich auf einen Menschen zugehen kann, wenn ich was fragen möchte. Kannst Du mir mal sagen, warum immer welche ~~da~~ in der Schule da sind, denen man nicht vertrauen kann?

Am liebsten würde ich ihn bitten, den Menschen noch einmal an seinen Anfang auf der Erde zu stellen und ihm immer seine Fehler unter die Nase zu halten, die er im Laufe der Jahrtausende gemacht hat.

*mitgeteilt von Ingrid Keßler-Woertel*

# Selbstverpflichtung

*Günter Kaltschnee*

Folgende Selbstverpflichtung hatten die Konfirmanden erarbeitet. Sie wurde in einem »Umweltgottesdienst« vorgelesen und am Ende als ›Denkzettel‹ den Gottesdienstteilnehmern mit auf den Heimweg gegeben:

Wir wollen uns für die Erhaltung unserer Umwelt einsetzen.
Wir wollen Gottes schöne Schöpfung bewahren!
Wir wollen auf umweltschädigende Mittel, wie FCKW oder andere Materialien möglichst verzichten.
Wir wollen Verpackungsmüll vermeiden.
Wir wollen mit unserem Wasser sorgsam umgehen.
Wir wollen gut abwägen, ob das Auto für diesen Weg benutzt werden muß.
Wir wollen bewußt wiederverwendbare Materialien benutzen.
Wir wollen unseren Müll nach wiederverwendbaren Materialien durchforsten und diese dann der Weiterverarbeitung zuführen, um unsere Müllberge zu entlasten.
Wir wollen in der Natur keinen Müll hinterlassen.
Wir wollen reden und handeln. Wir wollen dazu helfen, daß auch andere Menschen sich dieser Aufgabe widmen und für die Erhaltung unserer Umwelt und die Bewahrung von Gottes guter Schöpfung eintreten.
Wir wollen handeln!
Wir wollen uns für die Erhaltung unserer Umwelt einsetzen.
Dazu wollen wir uns in die Pflicht nehmen lassen.

# Kleider machen Leute

Eine biblische Modenschau
über Epheser 4,22.24 und Kolosser 3,12.14 *Klaus Zillessen*

Gelegentlich sind Konfirmanden nur schwer zu bewegen, im Gottesdienst vor anderen sich mündlich zu äußern – und dann gibt es da und dort Jugendliche mit Sprach- und Gehörbehinderungen. Bei dem folgenden Beispiel kommt man zur Not mit einem Sprecher aus, die anderen bewegen sich als »Mannequin« bzw. »Dressman« auf dem »Laufsteg«.
»Legt den alten Menschen ab mit seinem früheren Wandel voller Lüge, Zorn und Verbitterung. Ziehet den neuen Menschen an, der nach Gott geschaffen ist!« (Epheser 4,22+24).
»Kleidet euch, die ihr von Gott geliebt seid, in herzliches Erbarmen, Freundlichkeit und Güte, Demut, Sanftmut und Geduld. Über alles zieht die Liebe an; sie ist das Band der Vollkommenheit.« (Kolosser 3,12+14).
Die Andeutung eines Laufsteges ist aufgebaut. Bevor der/die erste Konfirmand/in als Mannequein bzw. Dressman auftritt, wird gesungen:

Text und Melodie: Klaus Zillessen

*Sprecher*
Zieh den neuen Menschen an, der nach Gott geschaffen ist – das erste Modell unserer biblischen Modenschau: *»Herzliches Erbarmen«*.
*(Der erste Konfirmand tritt auf mit einem weiten Umhang und einem kleinen Erstehilfeköfferchen, in der anderen Hand hält er ein Schild mit der Aufschrift »Herzliches Erbarmen«).*

Sie sehen: ein weitgeschnittener Umhang, ähnlich wie ihn einst der Heilige Martin von Tours trug, der ›herzliches Erbarmen‹ mit einem nackten, frierenden Bettler hatte und seinen Mantel mit ihm teilte. An Stoff ist nicht gespart worden, denn dieser Mantel soll ja in der Not für Zwei reichen. In der Mitte ist dieser Umhang geschlitzt, damit man ihn leichter in zwei Hälften teilen kann. Dieser weite Mantel eignet sich auch dazu, Fehler und Schwächen und Schuld anderer Menschen barmherzig und verzeihend zuzudecken. Zu unserem Umhang »Herzliches Erbarmen« trägt man als Accessoire einen praktischen Erstehilfekoffer, wie ihn z.B. auch der Barmherzige Samariter bei sich hatte mit Verbandszeug, Öl und Wein zum Wundenwaschen und -verbinden. (Der Evangelist Lukas hat darüber berichtet.) – Wir begleiten unseren Dressman hinaus mit unserem
*Lied:* »Kleider machen Leute ...«.

*Sprecher:*
Der nächste Einfall unseres himmlischen Modeschöpfers: *»Freundlichkeit und Güte«!*
*(Ein Konfirmand mit dem entsprechend beschrifteten Schild in der Hand – trägt einen kleinen Pelz).*
Diese Modeschöpfung ist inspiriert durch das »Märchen von den kleinen Leuten aus Swabeedoo«, die – wo immer sie sich begegneten – überaus freundlich sich gegenseitig ein weiches warmes Pelzchen schenkten und sich so zu verstehen gaben: ›Ich mag dich!‹ Und jeder, der ein Pelzchen geschenkt bekam, fühlte sich wunderbar gewärmt, geschätzt, anerkannt und war glücklich. Das ging solange gut, bis ein böser Kobold den freundlichen guten Leuten von Swabeedoo einredete, es gäbe bald keine Pelzchen mehr, wenn man sie so einfach wegschenken würde. Da begannen die Leute von Swabeedoo ihre Pelzchen zu horten und zu verstecken und damit zu geizen. Bald waren es nur noch ganz wenige, die die Pelzchen der Freundlichkeit und Güte weiterschenkten und geschenkt bekamen ... – Wir wollen diese Freundlichkeit und Güte der kleinen Leute von Swabeedoo wieder in Mode bringen: Zieht an »Freundlichkeit und Güte«!
*Lied:* »Kleider machen Leute ...«

*Sprecher:*
Unsere nächste Creation: *»Demut«!*
*(Ein Konfirmand trägt eine Schürze)*
Das Wort »Demut« kommt von »Dienen«. – Wer »Mut zum Dienen« hat und wem »nach Dienen zumute« ist, dem empfehlen wir dies robuste Kleidungsstück: eine Schürze! Solch eine Schürze hat schon unser Herr Jesus Christus getragen. Der Evangelist Johannes erzählt davon: »Da stand Jesus vom Abendmahl auf, nahm eine Schürze, band sie sich um und fing an, den Jüngern die Füße zu waschen. Dann trocknete er ihnen die Füße mit der Schürze, die er sich umgebunden hatte« (Joh 13,4+5). Und danach hatte

Jesus noch hinzugefügt: »Daran wird jedermann erkennen, ob ihr meine Jünger seid, am tätigen Dienen«. Die Schürze – Erkennungszeichen der Christen, Dienstkleidung der Jünger Jesu! Zieht an das Neue, die »Demut«!
*Lied:* »Kleider machen Leute ...!«

*Sprecher:*
Unsere beiden nächsten Modeschöpfungen: *»Sanftmut«* und *»Geduld«*!
*(Der Konfirmand trägt einen weichen Angorapulli, Samthandschuhe und einen Überwurf aus Flokatiteppichen)*
Unser Modell »Sanftmut« besteht – wie Sie sehen – aus sanfter weicher Lammwolle, wie man sie bei Schafen findet, die der gute Hirte gepflegt, auf grünen Auen und am frischen Wasser geweidet hat. Man trägt dazu Samthandschuhe, mit denen man andere anfassen kann, ohne daß sie blaue Flecken an Leib und Seele bekommen. Ziehen Sie »Sanftmut« an – oder auch »Geduld«: ein »dickes Fell«, mit dem Sie einiges aushalten können, ohne gleich beleidigt und verletzt zu sein. Unser Modell »Geduld« ist strapazierfähig.
*Lied:* »Kleider machen Leute ...«

*Sprecher:*
Die nächste Kombination können wir Ihnen »aus technischen Gründen« nicht vorführen. Es war gedacht für Leute, die den military-look lieben (aber keine Angst: es ist – trotz ihres Namens – eine geradezu antimilitaristische Ausrüstung!). Wenn wir sie Ihnen schon nicht zeigen können, so möchte ich doch wenigstens beschreiben, wie dies geistliche Waffenkleid aussieht: »Zieht an die Waffenrüstung Gottes, damit ihr Widerstand leisten und bestehen könnt. Legt als Panzerhemd *›Gerechtigkeit‹* an und als Koppel die *›Wahrheit‹* um. Als Stiefel tragt die Bereitschaft, das Evangelium des Friedens weiterzutragen. Dazu ergreift das Schild des Glaubens, und setzt euch den Helm des Heils auf. In die Rechte Hand aber nehmt das Schwert des Geistes, welches ist das *Wort Gottes*!« (Eph 6). So sieht das Waffenkleid der Soldaten Christi aus.
*Lied:* »Kleider machen Leute ...«

*Sprecher:*
In unserer Schlußschau treten noch einmal alle Mannequins und Dressmen auf. Jede/r bekommt noch eine »Schärpe mit Herz« umgelegt, die eigentlich die Garderobe erst vollständig macht – so wie es in der Bibel heißt: *»Über alles aber zieht die Liebe an, sie ist das Band der Vollkommenheit.«* Wer dieses Band trägt, ist perfekt gekleidet, ein vollkommener neuer Christusmensch. Mag sein, daß das manchmal anders aussieht, als was sonst Mode ist – was tut's! Wenn wir nur freundlich und gütig sind, geduldig sein können mit anderen und es noch fertig bringen, uns zu erbarmen, den Mut

zum Dienen zu finden! So richtig erfreulich, schön und vollkommen allerdings wird das alles erst durch die Liebe!
*Lied:* »Kleider machen Leute ...«

*Zur Taufe:*
Unter uns sind heute zwei kleine Kinder, die jetzt getauft werden wollen. Taufe ist auch so etwas wie eine »Einkleidung«. Im Galaterbrief steht (3,27): »Alle, die ihr auf Christus getauft seid, habt Christus angezogen«. Als Zeichen dafür bekommen Täuflinge bis heute ein Taufkleid angezogen. Wer auf Christus getauft wird, erhält das neue Christuskleid. Eltern und Paten bitten wir: helft eurem Kind dabei, das Taufkleid anzuziehen: die Freundlichkeit, Güte, Sanftheit und Ausdauer, und die Hilfsbereitschaft. Vergeßt nicht, um alles das Band der Liebe zu schlingen ...

*Schlußgebet:*
Herr, laß uns alle alten, verdorbenen, beschmutzten Kleider ausziehen, die alten Rüstungen ablegen, mit denen wir anderen Angst gemacht haben – und dann, Herr, gib uns das neue Kleid, das du für uns geschneidert hast. Dann können wir anderen (auch den Kindern, die wir getauft haben) in Freundlichkeit und Liebe begegnen, mit Geduld, die nicht ausbleicht, mit Hilfsbereitschaft, die nicht zerschleißt, mit dem weiten Umhang der Barmherzigkeit und mit dem Band der Liebe, das alles vollkommen macht. Laß das alles dann kein frommes Mäntelchen sein, sondern gib auch gleich das neue Herz und den neuen Geist mit dazu. Amen.

*Schlußlied:* nach Motiven aus EKG, badische Ausgabe, Nr. 476, Verse 1+3
»Ich freu mich in dem Herren aus meines Herzensgrund,
bin fröhlich Gott zu Ehren jetzt und zu aller Stund.
Ich bin ganz schön geschmücket mit einem neuen Kleid,
gezieret und gesticket mit Heil und Gerechtigkeit.«

(Erstmals veröffentlicht in »Für die Arbeit mit Konfirmanden – Neue Auflage«, RPJ Kalrsruhe 1988–1990)

# Singspiele und Meditationen im Dom

*Joachim Puttkammer*

Unsere Konfirmandinnen und Konfirmanden waren in der ehemaligen DDR durch eine antitheistische Schulbildung und eine weitgehend atheistische Umwelt gegangen. Eine Möglichkeit, sie für den Gottesdienst zu gewinnen, war das Spiel. Da der Dom den Namen St. Nikolai trägt und auch in atheistischer Zeit das Nikolausfest begangen wurde – viele allerdings nicht wußten, wer St. Nikolaus ist –, begannen wir mit einem Handpuppenspiel um Nikolaus. Die Geschichte:

Nikolaus erbt von seinem Vater, einem Kaufmann, viele Güter, erkennt aber, daß man sich Glück mit Reichtum nicht kaufen kann; da verschenkt er heimlich. Dabei wird er von einem Onkel beobachtet, der das Geld gern haben möchte. Dieser Onkel versucht, es Nikolaus abzujagen, abzugaunern, zu stehlen. Aber das gelingt natürlich nicht, und Nikolaus kann den Notleidenden helfen.

Die Konfirmanden bastelten in Wochenendrüsten die Puppen selbst, die für die Kirche größer sein mußten als die handelsüblichen. Sie spielten dann auch die Geschichte.

Daraus entstand der Gedanke zu einem Singspiel. Die Handlung ist ähnlich. Sie hat nur einen anderen Schluß. Die Onkel beobachten Nikolaus, der in die Armenviertel geht und dort heimlich seine Pakete in die Wohnungen wirft. Sie nehmen bei einer solchen Aktion, die sie störten, gern zur Kenntnis, daß die Bevölkerung denkt, Nikolaus sei ein Dieb, ein Mörder, den man umbringen muß; dann würden sie ja erben. Nikolaus flüchtet in eine Kirche. Dort erwartet ihn ein alter Bischof und macht ihn zu seinem Nachfolger.

Ein zweites Singspiel verarbeitet die Geschichten mit der Sturmstillung, die es möglich macht, daß die Getreideschiffe in den Hafen kommen.

Diese Spiele wurden mit maßgeblicher Beteilugng der Konfirmanden aufgeführt, in jedem Jahr ein anderes.

Texte, Noten und Tonbandmitschnitte liegen beim Autor dieses Artikels und können angefordert werden (J. P., Trelleborger Weg 29, O-2200 Greifswald).

Im Dom St. Nikolai befinden sich eine Reihe von Fresken zu biblischen Geschichten, die damals erst entdeckt, freigelegt und restauriert wurden und einiges Aufsehen erregten.

Dazu kommen eine Reihe Ölgemälde – Epitaphien mit biblischen Szenen –, die nach und nach gereinigt oder restauriert wurden. Mit der Gemeinde ging es nun darum, diese Schätze zu entdecken und zugänglich zu machen. Da es bei den Fresken in erster Linie um Kreuzigungs- und Auferstehungs-

darstellungen ging, erarbeiteten die Konfirmanden Meditationen (Was sehen wir? Was bedeutet das für uns?) und trugen sie bei Passionsandachten vor, die wir in der Kirche vor den jeweiligen Fresken machten. Da zu solchen Andachten höchstens 20 Menschen kamen, konnten die Konfirmanden ihre Texte selbst vorlesen.
Die Konfirmanden beteiligten sich (unter Anleitung eines Fachmannes) auch an der Reinigung der Bilder, soweit das möglich war. Sie machten die erstaunliche Entdeckung, daß die Bilder ganz anders leuchten, wenn sie feucht sind. Dann verglichen sie das Dargestellte im Unterricht mit den biblischen Texten, wobei natürlich auch Textvergleiche nötig waren. Die Ergebnisse trugen sie in Familiengottesdiensten der Gemeinde vor: Sie holten das Bild von seiner Stelle, trugen es in den Altarraum und stellten es auf. Jeweils ein Bild war Thema eines Gottesdienstes. Auch Predigt und Gebet bezogen sich darauf. Zum Schluß des Gottesdienstes trugen sie das Bild an seine alte Stelle zurück.

## Fürbittengebete

Wir beten zu Gott
für die Jugend der Welt,
für die Jugend in unseren reichen Ländern,
daß sie nicht überheblich werden,
und satt die Hungrigen,
oder gesund die Kranken,
oder frei die Gefangenen vergessen.
Für die Jugend in unseren reichen Ländern
beten wir, daß sie das Geschenk des Lebens annehmen.

Wir singen: »Hilf, Herr meines Lebens …«

Wir beten zu Gott
für die Jugend der Welt,
für die Jugend in den Ländern des Hungers,
daß sie nicht sterben müssen
und verbittert dem Leben fremd werden,
und enttäuscht auf Rache sinnen,
und verzweifelt zum Unrecht greifen.
Für die Jugend in den armen Ländern
beten wir, daß ihr Brot, Frieden und Recht werde.

Wir singen: »Hilf, Herr meiner Tage ...«

Wir beten zu Gott
für die Jugend der Welt:
für die Jugend, die in Sicherheit lebt,
daß sie nicht des Friedens überdrüssig wird
und gelangweilt Drogen nimmt,
oder gleichgültig, ihr Leben aufs Spiel setzt,
oder glaubenslos, jedem Verführer blind folgt.
Für die Jugend, die in Sicherheit lebt,
beten wir, daß sie in ihrem Leben sinnvolle Aufgaben findet.

Wir singen: »Hilf, Herr meiner Seele ...«

Wir beten zu Gott
für die Jugend der Welt:
für die Jugend, die keinen Frieden kennt,
daß sie nicht im Krieg unter Gewalt das Leben verliert,
und verkrüppelt, dem Leben feind wird,
und verhetzt, selber gehaßt wird,
und abgestumpft, selbst tötet.
Für die Jugend, die keinen Frieden kennt,
beten wir, daß auch bei ihnen Krieg und Gewalt ein Ende finden.

*Bernhard von Issendorff*

*Aus einem Gottesdienst zum Thema »Ausländerfeindlichkeit«:*

Das *Fürbittengebet* soll neben verbalen Äußerungen auch den Willen zum eigenen Handeln deutlich werden lassen. Darum bilden die Konfirmanden einen großen Kreis. Jeder Gebetsbeitrag (Wunsch bzw. Fürbitte) ist mit einem Schritt nach vorn (in das Innere des Kreises) verbunden. Der Pastor beginnt:

Herr Jesus Christus, du bist der Bruder aller Menschen. Vor dir sind alle Menschen gleich. Du siehst sie alle als deine Brüder an. Darum laß uns auch zu Brüdern und Schwestern werden. Zeige uns den Weg zu wahrer Geschwisterlichkeit. Wir sehen den anderen nicht und kennen ihn nicht. Wir kehren ihm den Rücken. Der Weg zu wahrer Geschwisterlichkeit und Menschlichkeit ist noch weit. Wir wollen uns untereinander besser verstehen, auch den fremden Nächsten.

(K.): Ich möchte einen Schritt nach vorn tun und die Moslems besser verstehen.
Ich bete für sie, daß sie sich in unserer Umwelt ihre kulturelle und religiöse Eigenart erhalten können und in dir genauso wie wir den Gott des Friedens sehen.

(K.:) Ich möchte einen Schritt nach vorn tun und die Ausländer vorurteilsfreier sehen.
Ich bete für sie, daß sie sich bei uns wohlfühlen und nicht neue Vorurteile gegenüber uns Deutschen entstehen.

(K.:) Ich möchte einen Schritt nach vorn tun und in den farbigen Menschen meine Brüder und Schwestern sehen.
Ich bete für sie, daß sie nicht wegen ihrer Rasse und Hautfarbe diskriminiert werden, sondern unsere Achtung und Wertschätzung erfahren, weil sie wie wir deine Geschöpfe sind.

(K.:) Ich möchte einen Schritt nach vorn tun und die Armut auf der Welt sehen lernen und, so gut ich kann, lindern helfen.
Ich bete darum, daß sich alle Menschen um eine gerechte Verteilung der Nahrungsmittel bemühen.

*Günter Scholz*

## Gemeinsame Taufvorbereitung für die Taufe eines Konfirmanden

*Bernhard von Issendorff*

Wir hatten von dem Konfirmandenwochenende eine Flasche Quellwasser mitgebracht. Daraus entwickelte sich eine liturgische Vorbereitung des Taufwassers für den Mitkonfirmanden.

*Pfarrer:* Lieber Klaus,
das Wasser ist ein gutes Symbol des Lebens, denn ohne Wasser können wir so wenig leben wie ohne Gott. Das Wasser ist uns wertvoll.
*1. Konfirmand:* Von der Pfingstbornquelle haben wir dir Wasser mitgebracht. Im reinen, gesunden Wasser segne dich Gott.
*2. Konfirmand:* In dieser kleinen Flasche hat mein Vater von seiner Israelreise Wasser vom Jordan mitgebracht. Es erinnere dich daran, daß Jesus im Jordan getauft wurde. Ein wenig von diesem Wasser mische ich bei. Die Taufe verbinde dich mit Jesus.
*3. Konfirmand:* Vom Liederbach, der durch unseren Stadtteil fließt, habe ich Wasser – ich bin extra hinauf in den Taunus gefahren, wo das Wasser noch nicht verdorben ist. Es soll dich verbinden mit der Heimat, in der wir leben. Gott sei mit Dir an allen Orten des Lebens.
*4. Konfirmand:* Das Wasser, das ich mitgebracht habe, ist das ganz normale Leitungswasser. Notwendig und oft gescholten. Gott sei mit dir im Alltag.

*5. Konfirmand:* Das Wasser, das ich hinzufüge, soll für das Meerwasser stehen. Im Meer entstand das Leben. In der Taufe entsteht das Glaubensleben.
*6. Konfirmand:* Das Wasser, das ich hinzugieße, symbolisiert die Tränen der Menschen. Wir sind verbunden mit allem Leid und der Trauer. Im Namen Gottes, Dir sei das Unrecht in der Welt nicht gleichgültig.
*7. Konfirmand:* Es paar Tropfen wohlriechendes Öl füge ich hinzu. Es ist das Öl, mit dem Könige und Propheten gesalbt werden. Sei ein Jünger Jesu, sei ein Kind Gottes.
*Pfarrer:* Wasser freilich tut es nicht.
*8. Konfirmand:* Es muß das Wort Gottes hinzukommen.
*Pfarrer:* Wo gebietet uns unser Herr, daß wir taufen sollen?
*9. Konfirmand:* Der Taufbefehl steht am Ende des Matthäusevangeliums.
*Alle:* Jesus spricht:
Mir ist gegeben alle Gewalt im Himmel und auf Erden. Darum gehet hin und machet zu Jüngern alle Völker. Tauft sie auf den Namen des Vaters und des Sohnes und des heiligen Geistes und lehret sie halten alles, was ich euch befohlen habe.
Und siehe, ich bin bei euch alle Tage bis an der Welt Ende.

Bei einer größeren Gruppe läßt sich die Liste erweitern:
a) Main-Wasser: Der Fluß ein Zeichen unserer Schuld und doch von Gott immer wieder erneuert.
b) Mineral-Wasser: Das Tafelwasser veredelt, erquickend. Gott lasse dein Leben von Freude perlen.
c) Wasser aus dem Schwimmbad: Das Wasser, das uns trägt. Gott trage dich im Leben.

---

## 10 x Pro und Contra

*Klaus von Mering*

Die Thesen waren Grundlage eines Vorstellungsgottesdienstes für Konfirmanden. Dabei sollten nicht nur auswendig gelernte Sätze aufgesagt, sondern nach Möglichkeit auch Meinungen laut werden. So mußte man sich auf die Contra-Sätze Antworten, Gegenfragen oder -positionen ausdenken. Die Pünktchen deuten diese Weiterungen an.

| Contra | Pro |
|---|---|
| 1. Beten | |
| Beten ist Selbstbetrug. Jeder ist sich selbst der Nächste. Wer betet, ist nur zu faul oder zu hoffnungslos, um etwas gegen das Böse zu tun. | Wer betet, läßt sich von Gott die Augen öffnen für das, was ›nicht auf der Hand liegt‹.<br>Wer betet, dankt und fängt an .....<br>Wer betet, denkt nach und fängt an .<br>Wer betet, denkt an andere und fängt an ................................ |

## 2. Bibel

Was in der Bibel steht, ist doch alles nicht wahr:
- die Welt ist nicht in 7 Tagen entstanden
- einen Fisch, der Menschen lebendig verschlucken und wieder ausspucken kann, gibt es nicht
- niemand kann mit 5 Broten und 2 Fischen 5000 Menschen satt machen.

Nirgendwo anders finde ich die Wahrheit über uns Menschen so eindeutig und überzeugend ausgesprochen wie in der Bibel. Was die Wissenschaft erkennen und beweisen kann, ist nicht einmal die ganze Wirklichkeit, schon gar nicht die Wahrheit. Die Bibel hilft mir ......

## 3. Zehn Gebote

Die zehn Gebote hindern den Menschen an seiner Selbstbestimmung. Er soll sich, statt sein Leben zu genießen, den Anordnungen eines Gottes unterwerfen, der mit Höllenstrafen droht. Das ist doch finsterstes Mittelalter!

Erst durch die Bindung an Gott wird der Mensch frei von den täglichen Sorgen, Ängsten und Abhängigkeiten. Man hat deshalb zurecht die Gebote die ›10 großen Freiheitsangebote‹ genannt. Man kann sie ja auch so übersetzen: .................

## 4. Jesus

Jesus mag ein netter Mensch gewesen sein, wenn es ihn überhaupt jemals gab. Aber Gottes Sohn war er bestimmt nicht; sonst wäre er nicht so elend am Kreuz gestorben, sondern hätte für eine bessere Welt gesorgt.

Die Kreuzigung Jesu ist nicht nur eine historische Tatsache, sondern der sichtbare Beweis: Jesus hat die Liebe Gottes nicht nur gepredigt, sondern selber gelebt. Liebe ist wehrlos und darum stärker als der Tod. Jesus hat das z.B. dadurch deutlich gemacht .....................

## 5. Taufe

Die Taufe von Baby's ist ein Hokuspokus, mit dem die Kirche nur ihren Mitgliederbestand sichern will. Eltern sollten ihre Kinder selbst entscheiden lassen, welchem Verein sie einmal beitreten wollen.

In der Taufe von Säuglingen wird zeichenhaft deutlich, daß Gott zu jedem einzelnen Menschen ›Ja‹ sagt, längst ehe dieser weiß, was er glaubt. Dieses Ja Gottes läßt sich durch nichts ungeschehen machen. Meine Taufe hilft mir also ..........

## 6. Gemeinde

Mit der Kirche geht es sowieso bald zuende. Die Gottesdienste finden vor fast leeren Bänken statt; durch die vielen Austritte geht der Kirchengemeinde langsam die Puste aus. Und die jungen Leute lassen sich doch nur noch wegen der Geschenke konfirmieren.

Wo gibt es das noch: Menschen, die sich in vorbildlicher Weise für die gute Sache engagieren. *Und:* Ein stets offenes Ohr für Versager, Schuldbeladene, Zweifler und Kritiker!? Die Kirche ist nicht zu ersetzen, weil ..............................

## 7. Abendmahl

Das Abendmahl sollte man endlich abschaffen. Essen und Trinken kann jeder zu Hause. Daß sich Brot und Wein in Fleisch und Blut Jesu verwandeln, ist schwarze Magie. Und das Trinken aus einem Kelch fördert nur ansteckende Krankheiten (Aids).

Im Abendmahl erfahre ich, daß Glaube ›Hand und Fuß hat‹. Jesus ist für mich nur das Brot des Lebens, wenn er's für meinen Nachbarn (und Feind!) auch sein darf. Die größte Gefahr für den Menschen heute ist seine Vereinzelung (Isolation). Jesus sagt beim Abendmahl ..................................

## 8. Kirchensteuer

Die Kirche will immer nur Geld. Dabei ist die Kirchensteuer so hoch. Jeden Sonntag wird Kollekte eingesammelt. Und außerdem besitzt die Kirche viel Land.

Die Vertreter der Kirche erbitten Geld nie für sich selber. Immer geht es darum, noch mehr, noch besser helfen zu können. Ich denke z.B. an ......................................

## 9. Inselkirche

Wenn wir unsere Inselkirche abreißen und verkaufen würden, statt sie für teures Geld zu renovieren, wäre endlich genug Geld da, um die so nötige neue Turn- und Spielhalle zu bauen. Das würde bestimmt auch unsere Gäste freuen.

Die Kirche ist für ein Dorf so wichtig wie das Herz für einen Menschen. An beides denkt man vielleicht nicht immer, aber wer allzu gedankenlos damit umgeht, riskiert alles. Wir brauchen die Kirche für ....................................

## 10. Leben und Sterben

Wenn man stirbt, ist alles aus. Niemand kann ein Leben nach dem Tode beweisen. Deshalb sollte man seine kostbare Freizeit nicht mit Zur-Kirche-Laufen verplempern.

Wer Angst vor dem ›endgültigen Aus‹ haben muß, kann seines Lebens nicht wirklich froh werden. Christen können großzügig sein mit ihrer Zeit, weil sie wissen: Ich gehöre Gott, im Leben wie im Sterben. Die Folge davon ist ..................................

# Gottesdienste

# Was »man« so erwartet

Gottesdienst zum Beginn
des Konfirmandenunterrichts

*Hans H. Reimer**

Vorbemerkung
In unserer Kirchengemeinde ist es üblich, daß die Konfirmanden sich in Begleitung von Mutter und/oder Vater zum Konfirmandenunterricht anmelden. Danach folgen innerhalb einer Woche ein Elternabend, das erste Treffen zum Konfirmandenunterricht und am Sonntag dann die Begrüßung und Vorstellung der neuen Konfirmanden im Gottesdienst der Gemeinde.
Beim Elternabend wurde eine Mutter, beim ersten Konfirmandenunterricht wurden zwei Konfirmanden gewonnen, die im Gottesdienst über ihre Erwartungen sprechen wollten; ferner erklärte sich eine in diesem Jahr konfirmierte Jugendliche bereit, aus ihrer Erfahrung heraus zu den neuen Konfirmanden zu sprechen.

*Orgelmusik*

*Begrüßung*
»Wem viel gegeben ist, bei dem wird man viel suchen; und wem viel anvertraut ist, von dem wird man umso mehr fordern« (Lukas 12,48). Liebe Gemeinde an diesem Morgen, so beginnt unser Gottesdienst fast immer: Unser Küster, Herr Muus, hat die Kirche für den Gottesdienst vorbereitet, die Kerzen angezündet, das Licht angeschaltet, die Gesangbücher verteilt. Die Glocken haben dann etwa fünf Minuten lang geläutet. Anschließend hat unser Organist, Herr Ossoba, auf der Orgel gespielt und uns damit musikalisch eingeladen, jetzt ganz hier zu sein mit unseren Gedanken.
Und nun habe ich, der Pastor, zunächst den Wochenspruch vorgelesen und begrüße damit noch einmal alle herzlich zum Gottesdienst. Heute wollen wir einen besonderen Gottesdienst feiern, nämlich unsere neuen Konfirmandinnen und Konfirmanden begrüßen und kennenlernen. Also seid herzlich willkommen, Ihr 23 Mädchen und Jungen, die am vergangenen Donnerstag den Konfirmandenunterricht begonnen haben und am 8. Mai 1994 konfirmiert werden wollen und sollen.
Bis dahin werdet Ihr auch häufiger den Gottesdienst besuchen und mitfeiern. Vieles ist dabei neu für Euch, aber je häufiger Ihr kommt, desto eher werdet Ihr Euch zurechtfinden. Und es wäre schön, wenn Eure Eltern Euch dabei begleiten würden – wie heute: Herzlich willkommen, liebe Eltern und Familienangehörige!

* mit Silvia Treuer, Christiane Riecken, Thomas Liedtke und Doris Hasenjäger

Wir singen nun gemeinsam ein Morgenlied, danach wird unser Gottesdienst nur noch in großen Zügen so verlaufen wie sonst. Ich hoffe jedoch, daß uns dieser erste gemeinsame Gottesdienst mit unseren neuen Konfirmanden anspricht und vielleicht sogar Lust macht auf mehr!

*Lied:* EKG 347,1–6 »Lobet den Herren«

*Gebet*

*Lesung:* Psalm 40,9–12

*Lied:* EKG 205,1–3 »Lob Gott getrost mit Singen«

**Ansprache**

*Pastor:* Liebe Gemeinde, von 27 Mädchen und Jungen, die mit dem Konfirmandenunterricht »dran« gewesen wären, haben sich 23 tatsächlich angemeldet. Das sind immerhin 85 % und bedeutet in einer Zeit, in der Glaube und Kirche viel Ablehnung erfahren, eine gute Beteiligung und ein erfreuliches Interesse – und das, obwohl über den Konfirmandenunterricht oftmals gestöhnt wird.

Die Konfirmanden finden seine Inhalte oft langweilig, stöhnen über den damit verbundenen Gottesdienstbesuch, sind leicht genervt, nachmittags nach der Schule noch zum Pastor zu müssen – und doch gehen sie hin. Und die Eltern bedauern manchmal, daß die Konfirmanden nicht mehr genug lernen, oder fühlen sich behindert, wenn das Kind sonntags zum Gottesdienst soll und sie eigentlich schon wegfahren wollten, oder haben auch ein schlechtes Gewissen, weil sie nicht mitgehen zum Gottesdienst – und doch schicken sie ihr Kind hin zum Konfirmandenunterricht.

Daß dies so ist, kann wohl nicht nur daran liegen, daß es immer so war: Man geht eben zum Konfirmandenunterricht! Nein, es müssen darin – bewußt oder unbewußt – auch Erwartungen enthalten sein, Hoffnungen, etwas mitzubekommen, was wichtig ist oder werden könnte im Leben, und damit verbunden manchmal vielleicht auch die Angst, etwas zu versäumen, wenn man nicht hinginge.

Dies alles vielleicht ein bißchen besser zu erkennen und zu verstehen, das wollen wir heute versuchen durch die Worte Betroffener. Denen, die uns jetzt teilhaben lassen an ihren Gedanken, danke ich herzlich dafür. Da ist zuerst Silvia, die gerade alles hinter sich hat. Sie hat sich Gedanken gemacht über das, was sie im Konfirmandenunterricht erlebt, vielleicht auch für sich persönlich erkannt und erfahren hat, und was sie den neuen Konfirmanden wünscht oder auch nicht wünscht.

*Silvia:* Liebe Konfirmandinnen und Konfirmanden! Heute werdet ihr offiziell in der Kirche unserer Gemeinde vorgestellt, denn Eure Konfirmandenzeit hat begonnen. Eine Zeit, die in 1 ½ Jahren mit einem großen Fest wieder beendet wird: der Konfirmation. Bei der Konfirmation wird der

Bund mit Gott, der schon bei der Taufe geschlossen wurde, bestätigt und erneuert. Früher war die Konfirmation das Fest des Erwachsenwerdens. Nach der Konfirmation kam bei fast allen das Berufsleben. Heute ist die Situation etwas anders, denn viele von Euch werden noch einige Jahre zur Schule gehen, aber trotzdem denken noch viele so wie früher.
Bevor allerdings die Konfirmation gefeiert wird, werdet Ihr noch länger als ein Jahr zum Konfirmandenunterricht gehen. Ein Unterricht, in dem man etwas über den christlichen Glauben und christliches Leben erfahren soll, in dem man auch verstehen und nachvollziehen soll, was man bei der Taufe noch nicht verstehen konnte, weil man ja noch zu klein war. Ihr werdet im Konfirmandenunterricht einiges über den Gottesdienst und den Gottesdienstablauf erfahren, so daß Ihr daran aktiver teilnehmen könnt und dadurch mehr Spaß daran bekommt. Außerdem werdet Ihr noch viele andere Themen mit christlichen und weltlichen Problemen behandeln. Ich hoffe, daß der Konfirmandenunterricht Euch viel Freude bereiten wird.
Ihr und Eure Eltern hattet sicherlich viele Gründe, Euch zum Konfirmandenunterricht anzumelden: vielleicht wegen der Geschenke, oder weil die Freunde hingehen, vielleicht um neue Freunde zu finden, oder um ein schönes Fest zu feiern. Wie dem auch sei, einen Grund hattet Ihr sicher alle gemeinsam, auch wenn das für Euch im Moment möglicherweise nicht der wichtigste war: Gott. Viele hoffen, vielleicht durch den Konfirmandenunterricht, Gott zu finden, andere wollen ihn besser kennenlernen. Ich hoffe, daß Ihr alle gute Erfahrungen mit Gott und der Kirche machen werdet und Euch Euer Glaube an Gott in den schwierigen Situationen des Lebens helfen wird.

*Pastor:* Die hauptsächlich Betroffenen sind natürlich die Konfirmanden selbst. Was sie vom Konfirmandenunterricht erwarten oder erhoffen, was sie vielleicht auch befürchten und warum sie trotzdem hingehen, dazu äußern sich nun Christiane und Thomas.

*Christiane:* Was ich vom Konfirmandenunterricht erwarte oder erhoffe, ist dies: Ich hoffe, daß wir eine nette Konfirmandengruppe werden und uns gut mit dem Pastor verstehen. Daß wir moderne Kirchenlieder singen und die Unterschiede erkennen, wenn wir alte Kirchenlieder singen. Ich erwarte, daß wir ein bißchen in der Bibel arbeiten, und ich hoffe, daß wir eine moderne Auffassung vom christlichen Glauben kennenlernen. Hoffentlich sprechen wir über viele interessante Dinge. Und was ich befürchte? Ich befürchte, daß wir nur in der Bibel lesen und Kirchenlieder auswendig lernen müssen. Daß ich weniger Freizeit habe. Ich befürchte auch, daß die zwei Jahre zu lang sind und deshalb der Konfirmandenunterricht eine echt langweilige Angelegenheit wird. Warum ich trotzdem zum Konfirmandenunterricht gehe? Ohne ausprobiert zu haben, wie es dort ist, kann ich ja nicht wissen, ob es schlecht oder gut wird. Ich möchte über unsere Religion etwas erfahren und mehr über unseren Glauben wissen.

Ich gehe auch zum Konfirmandenunterricht, um Hilfestellung für das spätere Leben zu bekommen und um Verständnis für die Bibeltexte zu haben, daß ich weiß, um was es sich handelt. Ich gehe hin, weil auch die Freundinnen hingehen, und natürlich auch, weil ich Neuem gegenüber aufgeschlossen bin. Ich gehe auch noch zum Konfirmandenunterricht, weil ich den Pastor kenne.

*Thomas:* Vor einiger Zeit fragten mich meine Eltern, ob ich konfirmiert werden möchte. Diese Frage konnte ich nur mit ja beantworten. Die wichtigsten Gründe dafür sind: Die Erziehung meiner Eltern und der Religionsunterricht in der Schule, wo ich schon viel über Gott und das Christentum gelernt habe.
Vom Konfirmandenunterricht erwarte ich: Gute Zusammenarbeit in der Gruppe und interessante Themen, die man besprechen kann. Ich möchte mich in dieser Zeit auch prüfen, ob ich auf dem richtigen Weg bin. Mit meiner Konfirmation möchte ich in die Gemeinschaft der Christen aufgenommen werden.

*Pastor:* An den Gedanken einer Mutter, die zum zweitenmal eine Tochter in die Konfirmandenzeit gehen läßt, wird uns nun Frau Hasenjäger teilhaben lassen.

*Doris Hasenjäger:* Wir haben uns heute in der Kirche getroffen, um unsere Konfirmanden hier zu begrüßen und in die Kirche einzuführen. Ihr habt Eure erste Konfirmandenstunde bereits hinter Euch, Ihr habt Euch gegenseitig vorgestellt und einen ersten Eindruck von der Gruppe bekommen. Sicher sind viele von Euch neugierig, was unser Pastor in der kommenden Zeit mit Euch erarbeitet. Einige stehen den Themen skeptisch gegenüber.
Als ich vor den Ferien an die kommende Zeit des Konfirmandenunterrichts dachte, erinnerte ich mich, wie meine ältere Tochter die Konfirmandenzeit empfunden hat. Sie ist vor einem Jahr konfirmiert worden. Sie erlebte die Stunden als lebendig, wo nichts vom Schulstreß zu merken war.
Die kirchlichen Themen wurden so besprochen, daß jeder etwas dazu beitragen konnte. Eine besondere Herausforderung war das Krippenspiel zu Weihnachten. Es war eine schöne Zeit für sie.
Auch wenn die Erinnerung an diese Zeit für meine ältere Tochter so positiv ist, beeinflußt sie den Entschluß meiner jüngeren Tochter für den Konfirmandenunterricht nicht. Sie hat sich unabhängig von anderen Meinungen dafür entschieden, weil sie mehr über die Inhalte des christlichen Glaubens wissen möchte.
Zwei Jahre Konfirmandenunterricht, die jetzt vor Euch stehen, sind sicher eine lange Zeit. Die Anfahrt ist im Winter manchmal beschwerlich. Außerdem sind da noch die Schulaufgaben und andere Dinge, die man manchmal lieber unternehmen möchte. Aber dann sind da ja noch die anderen Kon-

firmanden aus dem Dorf, mit denen Ihr zusammen hinfahren werdet und mit denen es auf dem Weg dahin sicher lustig wird. Ich hoffe, die Inhalte des Unterrichts werden Euch interessieren.
Zum Abschluß der Konfirmandenzeit feiert jeder sein persönliches Fest – die Konfirmation. Unsere ältere Tochter hat dieses Fest als ein ergreifendes Erlebnis in Erinnerung. Wir haben alle Verwandte und einige Freunde, die ihr Leben bis dahin begleitet haben oder eine wichtige Rolle in ihrer Entwicklung spielten, dazu eingeladen. Einige aus dieser Runde haben kleine Begebenheiten, ernste und heitere Anekdoten, die sie mit ihr erlebt hatten, erzählt. Wir Eltern haben eine kleine Chronik für sie geschrieben. Andere Verwandte haben Fotos zusammengestellt. Es wurde ein sehr schönes Fest, an das wir uns alle gerne erinnern, das einen großen Kindheitsabschnitt beendet hat.
Liebe Konfirmandinnen und Konfirmanden, mit Euch freue ich mich auf die Zeit, die jetzt vor Euch liegt. Ich wünsche Euch einen Konfirmandenunterricht, der Euch etwas gibt, in dem Ihr Erfahrungen sammelt über Euch, Eure Kirche und Euren Glauben.

*Pastor:* Vielleicht sehen wir nun etwas deutlicher oder verstehen ein wenig besser, was die Konfirmandenzeit alles bedeuten kann. Ich möchte nur kurz anfügen: Daß der Glaube, der mit Gott rechnet, wächst und Halt gibt und uns nicht fehlt, wenn das Leben einmal schwierig ist, dazu soll die Konfirmandenzeit auch helfen. Denn wir wollen möglichst gut erkennen, wer Jesus für *uns* ist, und wollen so erfahren, daß Gott *für* uns ist. Denn wer das glaubt, wird dies erleben:
Keinen Tag soll es geben,
an dem Du sagen mußt:
Ich halte es nicht mehr aus.
Keinen Tag soll es geben,
an dem Du sagen mußt:
Niemand ist da, der mich hört.
Keinen Tag soll es geben,
an dem Du sagen mußt:
Niemand ist da, der mit mir spricht.
Keinen Tag soll es geben,
an dem Du sagen mußt:
Niemand ist da, der mich liebt.
(nach: D. Rost und J. Machalke, Hg.: Zukunft wagen. Neue Texte und Gebete für junge Menschen, 4. Aufl. Gütersloh 1984)

*Lied:* EKG 205,5 u. 6

**Vorstellung und Verpflichtung der Konfirmandinnen und Konfirmanden**
*Pastor:* Und nun will ich Euch Konfirmandinnen und Konfirmanden unserer Gemeinde vorstellen und Euch mit Handschlag auf die Konfirmanden-

zeit verpflichten, indem ich Euch namentlich aufrufe und dann hier nach vorne bitte. Der Handschlag soll ein Zeichen dafür sein, daß wir uns gemeinsam um eine gute Zeit miteinander bemühen wollen.
Außerdem erhaltet Ihr eine Tragetasche für alles, was Ihr zum Konfirmandenunterricht mitbringen sollt; darin ist bereits enthalten ein Hefter für alle Blätter und Bilder, die wir während der Konfirmandenzeit bearbeiten und sammeln werden.

Verteilt wird an die Konfirmanden, die nacheinander nach vorne kommen, die Baumwoll-Stofftasche mit Kirchen-Emblem, Art.-No. 808 des Ev. Werbedienstes, Mittelstr. 11, 7000 Stuttgart 1; sie enthält den Hefter »Meine Konfirmandenzeit. Blätter, Ergebnisse und Bilder aus der Konfirmandenarbeit«, Best.-Nr. 093-5000, der Rufer Versandbuchhandlung, Postfach 1143, 6946 Gorxheimertal. In den Hefter ist bereits eingefügt ein Deckblatt mit dem Bild der Kirche unserer Kirchengemeinde und darunter dem Text: »Liebe/lieber ...! Zum Konfirmandenunterricht in der Ev.-Luth. Kirchengemeinde Kirchbarkau begrüße ich Dich herzlich! Ich freue mich auf die gemeinsame Zeit mit Dir und Deinen Mitkonfirmandinnen und Mitkonfirmanden. Herzlichst Dein ...« Wenn alle Konfirmanden verpflichtet sind und gemeinsam vorne vor der Gemeinde stehen, wird als Abschluß ein gemeinsames *Lied* gesungen:

Damit die Konfirmandenzeit gelingt, wollen wir nun alle gemeinsam, Ihr Konfirmanden, die Eltern, die anderen Gemeindeglieder und ich, singen und bitten: »Komm, Herr, segne uns ...«

*Lied:* Komm, Herr, segne uns

*Glaubenbekenntnis, Abkündigungen, Lied:* EKG 347,6–8, *Schlußgebet, Vater unser, Segen, Orgelmusik*

## Ströme lebendigen Wassers

Gottesdienst zur Taufe von drei Konfirmanden *Monika Paetzholdt*

*Vorspiel:* Orgel und Trompete

*Begrüßung und Votum:*
Wer von dem Wasser trinkt, das ich ihm gebe, wird niemals mehr Durst haben. Ich gebe ihm Wasser, das sich in seinem Innern in eine sprudelnde Quelle verwandelt, die ewiges Leben schenkt.

Mit diesem Angebot, das Jesus der Frau am Jakobsbrunnen gemacht hat, begrüße ich euch, liebe Konfirmandinnen und Konfirmanden, Sie, liebe Eltern und alle, die diesen Taufgottesdienst mitfeiern. Unser Weg durch diesen Gottesdienst steht ganz im Zeichen des Wassers: Wir erleben eine Wasser-Geschichte, werden Wassertropfen austeilen und lassen uns an unsere Taufe erinnern – auch mit den Worten, die am Anfang dieses Gottesdienstes stehen:
Im Namen des Vaters und des Sohnes und des Heiligen Geistes. Amen.

Wir singen Strophen vom Lied 234, ein Loblied, das uns einlädt, unser Leben vom Segen Gottes her zu bedenken, der uns in der Taufe geschenkt wird:
*Lied:* EKG 234,1+3+4 »Lobe den Herren«

*Psalm*
Um frisches Wasser geht es auch im Psalm 36. Wir hören ihn aus der Guten Nachricht:
Herr, deine Güte reicht bis an den Himmel
und deine Treue, so weit die Wolken ziehen!
Deine Gerechtigkeit ragt hoch wie die ewigen Berge,
deine Urteile gründen tief wie das Meer.
Du, Herr, hilfst Menschen und Tieren.
Deine Liebe ist unvergleichlich.
Du bist unser Gott, bei dir finden wir Schutz.
Du sättigst uns aus dem Reichtum deines Hauses,
deine Güte erquickt uns wie frisches Wasser.
Du selbst bist die Quelle, die uns Leben schenkt.
Deine Liebe ist die Sonne, von der wir leben.
(Psalm 36,6–10)

Ehre sei dem Vater ...

**Leseszene: Jesus und die Frau am Jakobsbrunnen**
Eine Wasser-Geschichte hat uns im Konfirmandenunterricht begleitet. Die Begegnung Jesu mit der samaritanischen Frau am Jakobsbrunnen, der er *sein* Lebenswasser anbietet.
*Wir* nehmen jetzt teil an dieser Begegnung, die uns der Evangelist Johannes im 4. Kapitel erzählt.

Ein Konfirmand, eine Konfirmandin und die am Unterricht beteiligte Lehrvikarin haben die Geschichte als Leseszene/Rollenlesung gestaltet: Erzähler, Jesus und die Frau. Die Nacherzählung versucht, die Geschichte von Jesus und der Samariterin den Jugendlichen aufzuschließen und nahezubringen. Der biblische Wortlaut würde vorausgehende und eingeschobene Erklärungen erfordern. Deshalb erweitert die Nacherzählung das Gespräch vorsichtig mit situativen und emotionalen Verstehenshilfen, folgt aber dicht dem biblischen Erzählverlauf.

Jesus ruft Menschen in das neue Leben aus Gott. Aber er hört, daß die Leute sich nur damit beschäftigen, wie viele Anhänger er schon hat. Manche sagen: Er hat schon mehr, die ihm nachlaufen, als der berühmte Prediger und Täufer Johannes! – Deshalb wendet er sich ab und geht zurück in die Heimat. Kann man denn neues Leben an Erfolgszahlen messen?
Auf seinem Weg muß er durch Samarien. Jesus ist Jude. Und Juden gehen nicht gern durch dieses Land. Die Samariter haben eine andere Religion, andere Bräuche. Sie denken anders über das Leben und über Gott. Redet man mit ihnen darüber, gibt es gleich Streit. Jeder will Recht behalten mit seinem Glauben.
Er kommt zu der Stadt Sichar. Dort ist ein uralter Brunnen. Jakob hat ihn graben lassen, der Glaubensvater mit dem Beinamen »Israel«. Es ist Mittagszeit und sehr heiß. Weit und breit niemand zu sehen. Die Menschen bleiben bei der Hitze in ihren Häusern. Die Freunde, die ihn begleiten, sind in der Stadt, um einzukaufen. Jesus ist müde von der weiten Wanderung. Und er hat Durst. Er setzt sich am Brunnen nieder. Dieser ist sehr tief, sein Wasser ist nicht zu erreichen.
Da kommt eine Frau mit einem Wasserkrug, eine Samariterin, ganz allein. Die anderen Frauen aus Sichar gehen immer erst abends zum Brunnen. Da ist es angenehm kühl, und das Wasser bleibt über Nacht frisch. Beim Wasserholen reden die Frauen über Neuigkeiten. Das bringt Abwechslung und ist wichtig für die Gemeinschaft. Warum kommt diese Frau in der Mittagshitze?, denkt Jesus.
Die Frau hat mehrere Ehen hinter sich und ist in ihren Beziehungen zu Männern immer wieder gescheitert. Sie hat keine Lust, immer wieder danach gefragt zu werden und spöttische Bemerkungen zu hören. Sie will auch nicht hören, was die anderen Frauen über ihre Männer und Kinder erzählen. So geht sie lieber allein in der heißen Mittagszeit, um niemand dort anzutreffen.
Jesus beobachtet sie.
Sie ist nicht mehr jung. Sie sieht enttäuscht und müde aus. Sie bindet ihren Krug an das Brunnenseil, läßt ihn hinab in die dunkle Tiefe, wartet, bis er sich füllt, und zieht ihn vorsichtig herauf.
Jesus bittet die Frau, ihm zu trinken zu geben. Erstaunt sieht sie ihn an: »Du bist doch Jude. Wie kannst du mich ansprechen und um etwas bitten, mich – eine fremde Frau und auch noch Samariterin?«
Jesus antwortet: »Das ist eine gute Gelegenheit für uns, das Leben neu zu entdecken, das Gott schenkt. Wenn du dich darauf einlassen kannst, werde ich dir lebendiges Wasser geben.«
Die Frau sieht ihn fragend an, schaut hinab in die dunkle Tiefe des Brunnens: »Was weißt du schon von unserem Leben hier, Fremder? Der Stammvater Jakob hat diesen Brunnen gegraben zum Leben für sich und die Nachkommen bis zu uns heute. Schon er hat hier kein anderes Wasser gefunden als dies. Er hat daraus getrunken, seine Frauen und seine Kinder,

Menschen und Tiere. Wenn ich hier zum Brunnen komme, hinabschaue wie in die Tiefe des Lebens, dann bin ich den alten Geschichten nahe, denke an Gott und bedenke mein Leben. Ich hole Wasser, hole auch Kraft für den Tag. – Was willst du denn von mir? Meinst du ein lebendigeres Wasser, als Jakob für uns fand?«

»Ja, das meine ich«, sagt Jesus. »Dein Glaube ist wie das Wasser hier im Brunnen, tief verborgen im Dunkeln, unbewegt still, wie tot. Nicht lebendig in dir selbst. Du kommst Tag um Tag hierher, allein, denkst nach, betest deine Gebete und gehst wieder nach Hause. Dein Leben ist wie abgestorben, ohne die Kraft Gottes. Sie könnte in dir lebendig werden wie eine sprudelnde Quelle. Danach sehnst du dich doch. Für dich ist Glaube ein ferner, alter Brunnen. Du starrst in das tiefe, dunkle Loch, suchst die alten Lebensgeschichten, Tag um Tag, und es wird doch nicht lebendig in dir selbst.«

Die Frau ist verwirrt. Woher weiß dieser Fremde soviel von ihrem Leben? Unheimlich ist das. Halb im Ernst, halb im Scherz sagt sie ausweichend: »Ach ja, wenn du so ein lebendiges Wasser hast, dann gib es mir bitte. Dann habe ich es wie eine Wunderquelle in meinem Haus. Dann brauche ich nicht jeden Tag herzulaufen und traurig über mein Leben nachzudenken. Dann werde ich nicht sehnsüchtig nach echter Erfüllung.«

Da fragt Jesus sie direkt nach ihrem Mann.

Die Frau erschrickt, wendet sich ab, sagt leise und hart: »Ich habe keinen Mann.« Sie denkt: Fängt der nun auch so an wie die anderen? Bin ich für den auch nur die Frau mit den vielen Männern, sonst nichts?

Jesus redet weiter zu ihr: »Du hast eine tiefe Sehnsucht nach Leben in dir, Frau. Ich spüre das. Du bist nicht zufrieden mit Arbeit und Familie, mit Wohnung, mit diesem und jenem, was man haben muß, um glücklich zu sei. Du willst auch nicht nur die Frau sein, die Männer haben wollen. Du möchtest bei dir selbst sein, von Vertrauen getragen und geliebt, du möchtest dich öffnen und geben können. Versucht hast du es, immer wieder mit neuen Männern. Du bist doch tief enttäuscht worden. Du brauchst das nicht alles zu erzählen. Du denkst: Wenn ich nur den Richtigen endlich finden würde, dann wäre alles gut. – Und wenn du ihn dann gefunden hast, merkst du: Das ist doch nicht das, was ich suche.«

Die Frau sieht Jesus lange an: »Du weißt viel vom Leben, Fremder, auch viel von meinem Leben. Und du redest anders mit mir darüber als alle anderen. Du läßt mein Leben durchsichtig werden. Das tut weh. Aber es ist auch klar und hell. Als ob Gott ganz persönlich zu mir redet, mich zu mir selbst bringt. Wer bist du denn? Du bist doch ein Jude. Du denkst anders über Gott als wir. Mich verwirrt das. Was ist denn nun richtig, welche Religion, welcher Glaube und welcher Lebenssinn?«

Jesus sagt: »Es gibt verschiedene Wege der Tradition, aber ein Ziel – Lebendigsein aus Gott. Wenn man das findet und in sich spürt, dann ist es nicht mehr wichtig, ob hier oder dort, so oder so. Dann geschieht Beten

nicht in dieser oder jener Form. Dann sind es nicht diese oder jene Worte, die man sagen muß. Beten ist dann wie trinken aus der Lebensquelle, hell und klar. Und dieser lebendige Glaube ist nun mal bei uns Juden aufgebrochen. Das ist keine Rechthaberei. Das ist einfach so. Willst du dich öffnen für diese Lebenskraft, die von Gott kommt?«
Leise sagt die Frau: »Ich weiß, einmal wird einer kommen und das Leben in Bewegung bringen. Das wird der Erwählte Gottes sein, der Christus. Auf ihn warten alle, die auf neues Leben hoffen.«
Jesus sagt: »Er ist schon gekommen. Er hat schon begonnen, auch in dir. Ich bin es, der mit dir redet.«
Da kommen der Frau die Tränen. Sie fühlt, wie das Wasser des Lebens sie erreicht. Das alte Leben mit seinen tiefen Enttäuschungen und qualvollen Erinnerungen wird weggeschwemmt, rinnt von ihr ab. Sie spürt, wie neue Lebenskraft quillt und sie erfüllt. Hinter den Tränen kommt Freude in ihren Blick. Dankbar sieht sie Jesus an. Ihr Gesicht wirkt jung und lebendig.
Die Freunde Jesu kommen aus der Stadt zurück. Sie sehen Jesus und sie sehen die Frau. Sie wundern sich, aber sie fragen nichts.
Die Frau läßt ihren Krug stehen und geht zurück in die Stadt. Was sie erlebt hat, will sie den Leuten erzählen. Auch die anderen brauchen lebendiges Wasser.

(Textfassung: Peter Horst, Kassel 1988. Nach: Mit Konfirmanden Glauben vorstellen, Heft 54 der Beratungsstelle für Gestaltung von Gottesdiensten, Frankfurt/M. 1988, S. 111 und S. 197ff.)

Nach der Geschichte: *Kurze Stille* – Danach werden die Kinder zum Kindergottesdienst entlassen. – Dann: *Geigenmusik.*

Ströme des lebendigen Wassers breiten sich aus. Alle brauchen es, das lebendige Wasser. Wir haben Teil an diesen Strömen lebendigen Wassers in unserer Taufe.
Wie dieses Wasser in unser Leben hineinfließt, davon erzählen uns jetzt die *Konfirmandinnen und Konfirmanden* mit Gedanken zum Tauf-Wasser und Beispielen, wo dieses lebendige Wasser dringend gebraucht wird. Sie deuten mit ihren Worten diese Begegnung zwischen Jesus und der samaritanischen Frau als Taufgeschichte.

*Gedanken zum Wasser*

Zu den drei Schritten »lebendiges Wasser« hatten wir einen Brunnen im Gottesdienstraum improvisiert. Die Konfirmandinnen und Konfirmanden, die die Texte gesprochen haben, sind mit Krügen zu diesem Brunnen gegangen und bekamen Wasser in ihre »Lebenskrüge«. Dieses sehr anschauliche Erleben war für die Gemeinde sehr eindrücklich.
Die Texte, die die Jugendlichen gesprochen haben, wurden in drei Kleingruppen im vorausgehenden Unterricht erarbeitet.

a) Lebendiges Wasser für jeden persönlich:

Jeden Tag erleben es Menschen, daß andere sie behandeln als seien sie nichts wert: Das ist schlimm, vor allem, weil sie es nach einer Weile fast selber glauben. Sie kommen sich vor wie eine Null. Sie sehen keinen Sinn mehr. Es fehlt ihnen das Wasser des Lebens.
*Tina:* Ich hole frisches Wasser für Menschen, die aus fremden Ländern zu uns gekommen sind und hier viel Verachtung erfahren. Es soll ihnen sagen, daß Gott nicht danach fragt, woher jemand kommt. Er gibt Lebenswasser für alle seine Menschen.
*Jan:* Ich hole Wasser des Lebens für die Menschen, die in ihrem Leben gescheitert sind und nun an den Rand gedrückt werden. Es soll ihnen sagen, daß sie Gott genauso lieb sind wie andere Menschen. Er bewertet uns nicht nach Erfolg und Besitz.
Lebendiges Wasser für jeden persönlich, daran erinnert uns Jesaja 43,1: Fürchte dich nicht, denn ich habe dich erlöst; ich habe dich bei deinem Namen gerufen: Du bist mein.

b) Lebendiges Wasser, das uns eingegossen wird in unsern »Lebenskrug«, damit wir neu anfangen können:

*Text:* Das Taufwasser ist uns Zeichen, daß wir neu anfangen können. Wir werden nicht festgelegt auf das, was wir falsch gemacht haben und brauchen darum auch andere nicht auf ihre Fehler festlegen. Wir können dazu stehen, wenn wir Schuld auf uns geladen haben und brauchen uns nicht voreinander verstecken. Das hilft uns auch, daß wir neu aufeinander zugehen und offen miteinander umgehen können. Weil wir neu anfangen können, ist es wichtig, daß wir diese Chance auch anderen lassen. Vorurteile und Streit dürfen nicht zwischen uns bleiben. So wie wir von Gott angenommen werden, können wir einander annehmen:
*Nicki* (sinngemäß): Ich hole lebendiges Wasser für Menschen, die Streit haben, voneinander enttäuscht sind und nicht mehr zueinander finden.
*Daniel* (sinngemäß): Ich hole lebendiges Wasser für den Klassenkameraden, der von allen ausgeschlossen wird.
Lebendiges Wasser, das uns hilft, daß wir neu anfangen können, daran erinnern uns Verse aus Römer 6: Durch die Taufe sind wir alle mit Jesus Christus verbunden worden.
Wißt ihr nicht, was das bedeutet? Die Taufe verbindet uns mit seinem Tod. Als wir getauft wurden, wurden wir mit ihm begraben. Aber wie er durch die wunderbare Macht Gottes, des Vaters, aus dem Tod zurückgerufen wurde, so können auch wir jetzt ein neues Leben führen.

c) Lebendiges Wasser, das wir einander austeilen in der Gemeinschaft der Getauften:

Die Frau am Brunnen hat das frische, lebendige Wasser nicht für sich behalten. Sie hat es ausgeteilt. Wir leben davon, daß wir einander lebendiges Wasser einschenken, daß wir füreinander da sind. Wir brauchen einander, damit wir mit dem fertig werden, was wir allein nicht schaffen.
*Nadine:* Ich komme zum Brunnen, weil ich gerne wieder zu meiner Klassengemeinschaft gehören möchte, weil ich gerne genauso beliebt wie die anderen wäre. Ich brauche lebendiges Wasser, um Selbstbewußtsein zu bekommen. Ich brauche Mut, um zu den anderen hinzugehen.
*Nicole:* Ich komme zum Brunnen, weil ich Freunde finden möchte. Ich bin fremd und allein. Ich bin anders. Ich brauche lebendiges Wasser, um mich unter die Leute zu wagen.
*Andreas:* Ich komme zum Brunnen, weil ich Streit mit meinem Ehepartner habe. Ich brauche lebendiges Wasser, um noch einmal neu anzufangen.
Lebendiges Wasser, das wir einander austeilen in der Gemeinschaft der Getauften, daran erinnert uns der Taufbefehl Matthäus 28:
Mir ist gegeben alle Gewalt im Himmel und auf Erden. Darum geht hin und machet zu Jüngern alle Völker: Taufet sie auf den Namen des Vaters und des Sohnes und des Heiligen Geistes und lehret sie halten alles, was ich euch befohlen habe. Und siehe, ich bin bei euch alle Tage bis an der Welt Ende.

*Lied:* Wasser des Lebens wollest du uns geben ... (Melodie: Herr, deine Liebe ist wie Gras und Ufer ...)
Die Melodie dieses Liedes haben wir drei Mal gehört (jeweils am Ende eines »Wasser«-Schrittes). Wir singen miteinander:

Wasser des Lebens wollest du mir geben,
der du das Lebenswasser selber bist,
Herr Jesus Christ, weil Gott von diesem Leben,
das du mir schenken willst, die Quelle ist.

Du hast mein Werden, Wachsen schon gesegnet,
längst eh mein Herz zu deiner Treue fand.
Du bist mit deiner Liebe mir begegnet,
längst eh ich dich als meinen Herrn erkannt.

Herr, wie kann deine Gnadengabe fassen
mein bis zum Rand gefüllter Lebenskrug?
Mein Durst, mein Suchen hat mich greifen lassen
nach vielem auch, was sich erwies als Trug.

Dich als das Lebenswasser zu erlangen,
hast du versprochen alle Zeit und Welt.

Dies hält auch mich in Not und Tod umfangen,
weil dein Wort ewig mir die Treue hält.

Laß mich bei deiner Lebensquelle bleiben
in dieser Zeit und für die Ewigkeit.
Nichts soll aus deiner guten Hand mich treiben.
Aus dir zu leben, mache mich bereit.
(Klaus Paetzholdt)

*Taufbekenntnis:*
Wenn du dich darauf einlassen kannst, werde ich dir lebendiges Wasser geben! sagt Jesus zur samaritanischen Frau am Jakobsbrunnen. Lebendiges Wasser ist ihr angeboten ohne Vorbedingungen, ist uns angeboten ohne Vorbedingungen. Trotzdem müssen wir uns darauf einlassen, daß dieses Wasser in unsere Lebenskrüge fließen kann.
Die drei Konfirmanden, die nachher getauft werden, wollen sich auf dieses lebendige Wasser einlassen. Sie haben dazu ihr eigenes Taufbekenntnis formuliert, so, wie sie es im Augenblick sprechen können.
Dieses Bekenntnis wurde – mit einer kleinen Ergänzung – dann auch das Konfirmationsbekenntnis der ganzen Gruppe.

WIR VERTRAUEN AUF GOTT.
Er hat uns geschaffen, er begleitet uns durch unser Leben.
Ihm sind wir wichtig, so wie wir sind.
In der Taufe sagt er zu uns:
Du bist nicht einfach eine Nummer für mich.
Du bist einzigartig und unverwechselbar.

WIR VERTRAUEN AUF JESUS CHRISTUS:
Durch ihn kommt Gott zu uns.
Er wendet sich den Menschen zu, er ist für sie da.
Er vergibt denen, die schuldig geworden sind.
Er ist einfühlsam und hilft, wo Hilfe nötig ist.
Er macht frei von Vorurteilen.
Er heilt und gibt den Menschen die Möglichkeit, daß sie neu anfangen können.
In der Taufe sagt er zu uns:
Du wirst nicht gemessen am Erfolg, den du in deinem Leben haben wirst.
Du brauchst Mißerfolge nicht vertuschen.
Angst und Sorgen werden dich nicht erdrücken.
Bei mir kannst du ein freier Mensch sein.

WIR VERTRAUEN AUF DEN HEILIGEN GEIST,
der Gottes Kraft verkörpert und aus uns eine Gemeinschaft macht.
In diesem Geist können wir miteinander leben. Mit denen, die wir mögen und mit denen, die uns fremd sind.

In der Taufe sagt er zu uns:
Ihr entscheidet mit, welche Atmosphäre in dieser Gemeinschaft herrscht.
Ihr werdet gebraucht, damit ihr für andere da seid und ihnen Mut macht für ihr Leben.
Auf euch kommt es an, daß Menschen ihre Hoffnung nicht verlieren.
Ihr geht nicht in eine ungewisse Zukunft, weil Gott euch und eure Welt nicht aus seiner Hand gibt.
*(Holger, Sebastian und Johann)*

Wenn die Konfirmanden und wir mit ihnen aussprechen »Ich vertraue«, dann spüren wir zugleich, daß wir darauf angewiesen sind, dieses Vertrauen immer neu zu gewinnen. Wir tragen es nicht mit uns, wie einen Besitz, den uns niemand nehmen kann.
So laßt uns beten:

*Gebet*
Dir danken wir, du, unser Gott, daß die Konfirmanden heute sagen können: »Ich vertraue.« Doch du weißt auch, wie gefährdet dieses Vertrauen immer wieder ist. Wie viele alltägliche Erfahrungen ihnen und uns das Vertrauen in dich schwer machen.
Wir bitten dich für die Konfirmanden, begleite sie bei ihren Versuchen, aus dem Vertrauen in dich zu leben, laß uns mithelfen, daß Vertrauen in ihnen wachsen kann, daß sie in dieser Gemeinde Menschen finden, die ihnen das Vertrauen in dich leicht machen und dort zu ihnen stehen, wo ihnen dieses Vertrauen verloren geht.
Wir danken dir, du, unser Gott, daß du nicht das unerschütterliche Vertrauensbekenntnis von uns erwartest, vielmehr jeden Tag neu unseren kleinen Versuch, an dir festzuhalten.
Amen.

*Lied:* Herr, wir bitten, komm und segne uns ... (in: Singt und dankt, Beiheft '84 zum EKG, Bärenreiter-Verlag, Kassel)
Mit diesem Lied umrahmen wir die Taufe. Die Konfirmanden und wir mit ihnen sind auf den Segen Gottes angewiesen:
Strophe 1 und 3

*Taufe:* Drei Konfirmanden halten die Taufkerzen

*Taufvotum:*
Gott, der in der Taufe »Ja« zu dir sagt, begleite dich mit seinem Segen. Er helfe dir, daß du von vorne anfangen kannst, wenn du nicht mehr weiter weißt. Er lasse dich immer eine Gemeinschaft finden, in der du dich geborgen fühlst und die dich trägt. Amen.
Eure Taufkerze soll euch Zeichen sein, daß Christus, *das* Licht der Welt, mit euch geht.

*Lied:* Herr, wir bitten dich, komm und segne uns ... Strophe 4 und 5

Die Taufe unserer 3 Konfirmanden erinnert uns an unsere eigene Taufe. Sie ist nicht nur ein Datum am Anfang unseres Lebens. Sie ist uns Zeichen, wohin wir gehören und sie lädt uns ein, daß wir uns das »lebendige Wasser« immer neu eingießen lassen.

*Tauferinnerung* (von einer Kirchenältesten gesprochen)

Das Wasser unserer Taufe sehen wir nicht mehr mit unseren Augen. Wir spüren es nicht mehr auf unserer Haut. Aber durch die Taufe der drei Konfirmanden werden wir an unsere eigene Taufe erinnert, wird Wasser zum Zeichen dafür, daß uns lebenslang zugesagt bleibt:

Für Gott ist jeder von uns wichtig in seiner Traurigkeit und in seiner Freude, in seiner Mutlosigkeit und in seiner Hoffnung.
Gott bleibt bei uns, wenn wir uns einsam und verlassen fühlen. Er richtet uns auf, wenn wir nicht mehr können und gibt uns neuen Mut.
Gottes Segen schützt uns wie ein Haus in der Nacht. Er trägt uns wie ein starkes Schiff durch die Wellen.
So wie wir sind, werden wir von Gott bejaht und geliebt und dürfen uns ihm, was immer geschehen mag, anvertrauen.
Wenn wir versagen und schuldig werden, nimmt er uns bei der Hand, zeigt uns den Weg zu einem neuen Anfang und führt uns ins Freie, ins Leben, zum Frieden.
Als Getaufte sind wir eine Gemeinschaft. Wir sind darauf angewiesen, daß wir uns gegenseitig stützen und versuchen, aufeinander zuzugehen, auch wenn dies nicht immer gelingt.
Als Getaufte sollen wir Quelle sein, aus der wir füreinander und miteinander frisches Wasser schöpfen, sollen wir Quelle sein für Menschen, die nach frischem lebendigem Wasser für sich suchen.
Wo wir vom gleichen frischen Wasser leben, empfinden wir Fremdes und Unbekanntes nicht als Bedrohung, können wir dort, wo wir uns fremd sind, einander annehmen, kann sogar unsere Verschiedenartigkeit zur Bereicherung werden.
Auch wenn wir das Wasser unserer Taufe nicht mehr mit unseren Augen sehen, auch wenn wir es nicht mehr auf unserer Haut spüren, leben wir jeden Tag von diesem Wasser.
Lassen wir uns an unsere Taufe erinnern!

Die Konfirmanden teilen jetzt Wassertropfen aus buntem Papier aus, und wir singen dazu:

*Lied:* »Wo ein Mensch Vertrauen gibt ...« in: Liederheft für die Gemeinde, Ev. Presseverband München, 1982, Nr. 717.

Alle Tropfen – blaues Tonpapier, ca. 20x12 cm ausgeschnitten – waren mit Gedanken beschriftet, die vorher in den Konfirmandengedanken zum Thema »lebendiges Wasser« schon eine Rolle gespielt hatten. Bei Besuchen fällt mir immer wieder auf, daß diese Tropfen irgendwo in der Wohnung liegen oder hängen. Ein Zeichen, daß sie bei vielen Gemeindegliedern nicht im Papierkorb gelandet sind.

*Fürbitten* (mehrere Sprecherinnen):
In deinen Augen, Herr, sind wir unendlich viel wert, denn du siehst uns mit den Augen der Liebe an. Wir bitten dich für die Menschen, die sich nach Liebe sehnen und nur Enttäuschungen erfahren. Laß sie die Quelle des Lebenswassers finden, die in dir entspringt. Und mache uns alle zu deinen Boten, die diese Liebe in Wort und Tat weitergeben an die Menschen, die uns in der Familie, in der Schule, im Beruf, im Verein und in der Freizeit begegnen.
In deinen Augen, Herr, sind wir nicht festgelegt auf das, was wir falsch machen, denn du lädst uns ein, neu anzufangen.
Wir bitten dich für unsere Konfirmandengruppe, daß wir immer wieder herausfinden aus den Rollen, auf die wir uns festlegen, daß wir bereit sind, einander ernst zu nehmen. Wir bitten dich für unsere Gemeinde, daß wir uns lösen von Bildern, die wir uns voneinander machen und die uns hindern, zueinander zu finden.
Wir bitten dich darum, daß wir keinen Menschen als hoffnungslosen Fall auf die Seite schieben, daß wir offen und bereit werden, in jedem Menschen dein Bild zu sehen und mithelfen, daß dieses Bild wieder zum Vorschein kommt, wenn es verzerrt oder ganz entstellt ist.
In deinen Augen, Herr, sind wir nicht auf uns allein gestellt, denn du lädst uns ein in die Gemeinschaft.
Wir bitten dich für unsere Konfirmandengruppe, daß wir diese Gemeinschaft erleben, daß niemand sich ausgeschlossen fühlt.
Wir bitten dich für unsere Gemeinde, daß wir uns denen nicht verschließen, die ihren Platz bei uns suchen, daß wir füreinander da sind und wahrnehmen, wo wir einander brauchen.
Wir bitten dich darum, daß wir offen und befreit werden, innerhalb und außerhalb der Gemeinde nicht nur die Gemeinschaft mit denen zu suchen, die uns sympathisch sind.
Mit deinen Augen, Herr, wollen wir in diesem Gottesdienst auch die Menschen sehen, die an den Folgen des Golfkriegs leiden. Wir sind dankbar, daß die Waffen schweigen, aber wir wissen, wieviel Elend jetzt erst recht beseitigt werden muß.
Wir bitten dich, laß uns nicht zur Tagesordnung übergehen, weil wir ja wieder mal davongekommen sind. Laß uns nicht schweigen, wo altes Unrecht, alte Demütigungen die Menschen in dieser zerstörten Region neu niederdrücken.

*Vaterunser. Lied:* EKG 152,1+4. *Abkündigungen. Segen.*

## Was heißt denn hier Schöpfung?

Hinweise und Materialien für einen Gottesdienst *Kurt Grützner-Jahns*

1. Absicht:
Im Gottesdienst soll erfahrbar werden, wie Gott seine Welt eigentlich gemeint hat, welche Aufgabe der Mensch in ihr nach seinem Willen hat, wie er diese immer wieder verfehlt und wo Auswege zu finden sind.

2. Gestalterische Grundidee:
a) Während der Lesung der Schöpfungsgeschichte nach Gen 1,1–2,4a entsteht parallel zu den sieben Schöpfungstagen eine »schöne Welt«, wie Gott sie eigentlich gemeint hat.
b) Während der Lesung einer Zerstörungsgeschichte (nach Texten der KonfirmandInnen) zieht sich ein Plastikvorhang mit Symbolen der Zerstörung vor Gottes gute Schöpfung. Sie ist zwar noch zu sehen, aber eben stark verschleiert.
c) Die Predigt hat die Aufgabe, Wege zu eröffnen, diesen Vorhang wieder beiseite ziehen zu können, so daß Gottes Welt wieder sichtbar wird. Dies geschieht während der Lesung der »Aufträge an die Spielfiguren der Müllwelten« (siehe unten). So entsteht das *Schlußbild*: Der Vorhang der Zerstörung ist wie eine Gardine gerafft und gibt so den Blick wieder frei auf die Welt, wie Gott sie eigentlich gedacht hatte.

3. Vorbereitung mit den KonfirmandInnen:
Am besten geeignet ist eine Freizeit. Es geht aber auch in drei bis vier Doppelstunden. Schritte:
a) Zum Auftakt wird »Das Schöpfungsspiel« gespielt (Grundidee und ausführliche Beschreibung im Materialdienst des PTI der Ev. Kirche im Rheinland Nr. 5/78, Seite 3ff.): Die KonfirmandInnen werden auf einen »Schöpfungsspaziergang« mit der Aufgabe geschickt, auf sonst nicht Beachtetes und Weggeworfenes besonders zu achten und zehn solcher Gegenstände zu sammeln. Wieder zurück werden diese vor jedem und jeder ausgebreitet und beschrieben. (»Müll, völlig unnütz und sinnlos ...«).
Aufgabe ist dann, aus diesen unnützen Dingen auf Plakatkarton eine Welt zu bauen, in der es sich gut leben läßt. Die Welten bekommen einen Namen.
In der Auswertung wird verglichen, was vorher vor uns lag und was jetzt daraus geworden ist. Dies wird verglichen mit der Schöpfungsgeschichte: Was war da vorher (wüst und leer) und was ist draus geworden (eine Welt, in der Leben möglich ist).
Die KonfirmandInnen können so erfahren, was Schöpfung heißt: Das Chaos ordnen, daß Leben möglich wird.

Nun wird in die Müllwelt eine Spielfigur (Mensch-Ärgere-dich-Nicht o.ä.) als »Verwalter« gesetzt. Die KonfirmandInnen formulieren für sie Aufträge, wie sie in ihrer, der SchöpferInnen, Abwesenheit mit der Welt umzugehen haben (Aufträge, bei deren Verlesung sich im Gottesdienst der Zerstörungsvorhang langsam öffnet). So kann deutlich werden: Der Schöpfer/die Schöpferin hängt an seiner/ihrer Schöpfung und möchte, daß sie erhalten bleibt. Die Erfahrung, wie sehr man an seinen »Schöpfungen« hängt, ist noch dadurch zu intensivieren, daß man so tut, als hätten die Welten nun ihren Dienst getan und wir könnten sie wegschmeißen.
b) In einem zweiten Schritt wird eine Welt gemalt, wie Gott sie eigentlich gemeint hat. Dazu wird ein ausreichend großes Rundplakat in sieben Teile unterteilt. Sieben Gruppen gestalten je eines dieser so entstandenen »Tortenstückchen« nach dem Schöpfungswerk eines Schöpfungstages.
Im Gottesdienst werden diese sieben Schöpfungsteile parallel zur Lesung der sieben Schöpfungstage wieder zu der einen runden Welt zusammengesetzt. Technisch gelöst werden kann das z.B. so, daß zuvor eine entsprechend große Pappscheibe ausgeschnitten wurde. Auf diese werden nun die einzelnen Stücke (mit doppelseitigem Klebeband oder Verschlußklipsen von Warensendungen) wieder zu einem Kreis zusammengefügt. Die so entstandene Weltscheibe muß hoch genug im Altarraum aufgehangen/aufgestellt werden.
c) In einer nächsten Unterrichtseinheit gestalten die sieben Gruppen einen Zerstörungsvorhang. Als Grundlage dienen etwas dickere und klarsichtige Plastikplanen. Sie werden mit Abtönfarbe bemalt. (Vorsicht: blättert leicht ab.) Ihre Länge entscheidet sich nach der Länge, die der Vorhang in der Kirche haben soll, so daß er die Welt vollends verdecken kann. Im Altarraum wird ein Drahtseil gespannt. Der Vorhang wird mit handelsüblichen Gardinenrollen bzw. -ringen so daran befestigt, daß ein Zuziehen leicht möglich ist (evtl. mit langer Stange oder Seil am ersten Ring jeder Bahn).
Zum Abschluß dieser Unterrichtseinheit oder in der nächsten beschreiben die KonfirmandInnen ihre dargestellte Zerstörung (siehe Textanhang). Die strukturierende Idee des »siebten Tages« stammt aus W. Erl, F. Gaiser, Neue Methoden der Bibelarbeit, Tübingen, 1969.

4. Der Gottesdienst:
In seiner Grundstruktur orientiert er sich an der traditionellen Gottesdienstordnung. Er wurde einmal erprobt als »ganz normaler« Sonntagsgottesdienst mit Orgelbegleitung. Ein zweites Mal wurde er im Rahmen eines Kirchenbezirksfestes unter dem Thema: »Gottes Welt in unseren Händen« gefeiert. Dort stand eine Band zur Verfügung. Daher waren andere Lieder möglich. Sie sind *kursiv* gedruckt.

– Orgelvorspiel / *Vorspiel der Band*
– Begrüßung (KonfirmandInnen)

- Eingangslied: EKG 346,1–4,8 / *Danke für diesen guten Morgen*
- Schöpfungspsalm 104
- Gemeinde: Ehr' sei dem Vater / *Ehre sei Gott auf der Erde (Janssens)*
- Gebet
- Kanon: »Vom Aufgang der Sonne ...« / *Herr, erbarme dich (Janssens)*
- Die Schöpfungsgeschichte (nach Genesis 1,1–2,4a)
  (Die »schöne Welt« entsteht »Tortenstückchenweise«)
- Lied: 473,1–6 / *Jeden Morgen gießt du von neuem (Janssens)*
- Die Zerstörungsgeschichte (nach Texten der KonfirmandInnen)
  (Der Zerstörungsvorhang zieht sich langsam zu)
- Orgelmeditation / *Meditation der Band*
- Ansprache (Der Zerstörungsvorhang gibt wieder den Blick frei)
- Lied: EKG 199,1–5 / *Herr, deine Liebe ist wie Gras und Ufer*
- Fürbitten (nach den Ideen der KonfirmandInnen)
- Vater unser
- Lied: »Komm, Herr, segne uns ...« / *dto.*
- Segen

5. Materialien (Texte und Hinweise)

*Psalm* 104. Auswahl: Verse 2–3.5.10–14.27–28
*Antiphon:* 104,24

*Gebet*
Herr,
es ist Zeit für dich zu kommen,
denn unsere Zeit läuft ab
und unsere Welt vergeht.
Du gabst uns das Leben miteinander,
wir bringen uns selber zu Tode
mit Konkurrenz, Krieg und Lieblosigkeit.
Du gabst uns Bäume und Wälder,
wir holzen sie ab.
Du gabst den Vögeln den Frühling
und den Fischen die Flüsse.
Wir rotten sie aus.
Der Frühling wird stumm,
die Luft dick.
Du schufst deine Welt im Gleichgewicht;
wir bringen sie aus dem Gleichgewicht
und gehen selber daran zugrunde.
Unsere Zeit läuft ab,
Herr, gib uns deine Zeit
damit wir leben.
Wir bitten dich um Zukunft, Gott,
wir sind noch jung.

**Die Schöpfungsgeschichte nach Genesis 1,1–2,4a**

*Leser 1:* Am Anfang schuf Gott Himmel und Erde. Und die Erde war wüst und leer, und es war finster auf der Tiefe und der Geist Gottes schwebte auf dem Wasser.

*Leser 2:* Und Gott sprach: Es werde Licht! Und es ward Licht. Und Gott sah, daß das Licht gut war, und er trennte das Licht von der Finsternis und nannte das Licht Tag und die Finsternis Nacht.

*Pfarrer:* Da ward aus Abend und Morgen der erste Tag.

*Leser 3:* Und Gott sprach: Es soll eine Feste entstehen, die die Wassermassen trennt. Und Gott machte eine Feste und trennte das Wasser über ihr von dem Wasser, das die Erde bedeckte. Die Feste nannte er Himmel.

*Pfarrer:* Da ward aus Abend und Morgen der 2. Tag.

*Leser 4:* Und Gott sprach: Das Wasser auf der Erde soll sich an besonderen Orten sammeln, damit man das Trockene sehe. Und es geschah so. Und Gott nannte das Trockene Erde und die Sammlung des Wassers Meer. Und Gott sah, daß es gut war.

*Leser 5:* Und Gott sprach: Die Erde soll grün werden, alle Arten von Pflanzen und Bäumen sollen darauf wachsen und ihre Samen und Früchte tragen. Und es geschah so: Die Erde wurde fruchtbar und grün! Und Gott sah, daß es gut war.

*Pfarrer:* Da ward aus Abend und Morgen der 3. Tag.

*Leser 6:* Und Gott sprach: Am Himmel sollen Lichter entstehen, die Tag und Nacht voneinander trennen und nach denen man Tage, Jahre und die Zeit bestimmen kann. Und Gott machte zwei große Lichter: die Sonne für den Tag und den Mond für die Nacht, dazu alle Sterne. Und er setzte sie an die Feste des Himmels, damit sie der Erde Licht geben. Und Gott sah, daß es gut war.

*Pfarrer:* Da ward aus Abend und Morgen der 4. Tag.

*Leser 7:* Und Gott sprach: Im Wasser soll sich Leben regen, und in der Luft sollen Vögel fliegen. Und Gott schuf alle Arten von Wassertieren und die Vögel. Und Gott sah, daß es gut war. Und er segnete seine Geschöpfe und sprach: Seid fruchtbar und mehret euch und erfüllt Wasser, Erde und Luft.

*Pfarrer:* Da war aus Abend und Morgen der 5. Tag.

*Leser 8:* Und Gott sprach: Die Erde soll Leben hervorbringen: Alle Arten von Vieh, wilden Tieren und alles, was auf der Erde kriecht. Und Gott machte alle Arten von Tieren. Und Gott sah, daß es gut war.

*Leser 9:* Und Gott sprach: Laßt uns Menschen machen, ein Wesen, das uns ähnlich ist. Es soll herrschen über die Fische im Meer und die Vögel unter dem Himmel und über alle Tiere auf der Erde. Und Gott schuf den Menschen zu seinem Bilde, zum Bilde Gottes schuf er ihn; und er schuf sie als Mann und Frau.

Und Gott segnete sie und sprach: Seid fruchtbar und mehret euch, erfüllt die Erde und nehmt sie in Besitz. Ich setze euch über die Vögel, Fische und alle Tiere und vertraue sie eurer Fürsorge an. Und Gott sah an alles, was er gemacht hatte, und siehe, es war sehr gut.

*Pfarrer:* Da ward aus Abend und Morgen der 6. Tag.
*Leser 10:* So entstanden Himmel und Erde und alles, was lebt. Am siebten Tag war alles vollendet, und Gott ruhte am siebten Tag und segnete ihn.

**Die Zerstörungsgeschichte**
**(nach Texten der Konfirmanden und Konfirmandinnen)**
*Leser 1:* Aber der Mensch ruhte nicht. Und der Mensch sprach: Es werde eine Chemische Industrie, die uns das Leben erleichtere. Und der Mensch baute Fabriken. Darin stellte er viele Dinge her, die er brauchte. Aber er produzierte auch viel Müll. Den brachte er auf Deponien oder leitete ihn in Flüsse. Der Boden wurde giftig. Das Wasser trübe. Die Früchte des Feldes wurden ungenießbar; Fische starben.
*Pfarrer:* Und es war immer noch der siebte Tag.
*Leser 2:* Aber der Mensch ruhte nicht. Und er sprach: Es sollen Drogen werden, die uns die Sorgen vergessen lassen. Und der Mensch erfand Alkohol und trank zuviel davon. Er machte Tabletten und nahm sie im Übermaß. Er baute Haschisch an und rauchte ihn. Er produzierte Heroin und brachte Kokain auf den Markt. Wenige verdienten viel, viele starben elend. Nur die Sorgen waren damit nicht weg.
*Pfarrer:* Und es war immer noch der siebte Tag.
*Leser 3:* Aber der Mensch ruhte nicht und sprach: Wir brauchen Strom, der uns die Arbeit erleichtert. Und der Mensch baute große Werke, in denen Strom gemacht wurde. Zum Schluß machte er den Strom aus Atomen. Das gab viel Strom und der Strom war preiswert. Nur wohin mit dem Müll, das wußten sie nicht. Sie buddelten ihn ein und vererbten die Sorgen ihren Kindern und Kindeskindern.
*Pfarrer:* Und es war immer noch der siebte Tag.
*Leser 4:* Aber der Mensch ruhte immer noch nicht. Und der Mensch sprach: Wir brauchen Straßen und Schienen, um schneller voranzukommen. Und der Mensch kam mit großen Maschinen, machte Berge platt und Flüsse gerade, überspannte Täler mit Brücken und durchbohrte Berge mit Tunnel, um immer schneller zu werden auf Straßen und Schienen. Felder wurden betoniert, Wälder abgeholzt, Flüsse traten über ihre unnatürlichen Ufer, Tiere fanden kein Versteck mehr.
*Pfarrer:* Und es war immer noch der siebte Tag.
*Leser 5:* Aber der Mensch ruhte nicht. Und der Mensch sprach: Es werde Krieg und Haß zwischen den Menschen. Und es gab Krieg und Haß, aus Herrschsucht, Neid und Gewinnstreben. Und der Mensch schlug sich tot, spießte sich auf, schoß sich nieder, bombardierte seine Häuser in Trümmer und baute Bomben, die die ganze Welt zerstören können.
*Leser 6:* Und der Mensch sprach: Laßt uns an den Tieren probieren, wie alles wirkt. Und sie nahmen Ratten, Hasen und Mäuse und quälten sie zu Tode.
Manche starben zum Nutzen für Mensch und Tier, andere aber auch völlig umsonst.

*Leser 7:* Und der Mensch sprach: Die Umwelt ist groß und die Meere sind weit: Laßt uns reinschmeißen, was bei uns abfällt. Und sie schmissen weg, was übrig war. Sie leiteten Säure ins Meer und wuschen ihre Öltanks auf hoher See. Als die Küste dann vor Algen stank, zogen die Urlauber zu ferneren, sauberen Stränden.
*Pfarrer:* Und es war immer noch der siebte Tag.
*Leser 8:* Aber der Mensch ruhte nicht. Und der Mensch sprach: Wir brauchen Kriege, damit wir unsere Waffen verkaufen können. Und der Mensch zettelte Kriege an – aber in fernen Landen bei den Armen dieser Welt. Ihnen verkaufte er dann seine Jagdbomber und Kriegsschiffe, seine Panzer und seine MGs. Die Verkäufer wurden reich, die Armen schossen sich tot und verwüsteten ihr Land.
*Leser 9:* Und der reiche Mensch aus dem Norden sprach: Dies ist doch ein guter Platz für unseren Müll; und er schickte ihn für wenig Geld dorthin und verödete das Land noch mehr. Eltern wurden krank, Kinder starben.
*Pfarrer:* Und es war immer noch der siebte Tag.
*Leser 10:* Aber der Mensch ruhte nicht und der Mensch sprach: Was kümmert mich die Atmosphäre? Solange der Himmel blau ist und die Sonne scheint, ist alles ok. Und er nahm die Dose mit FCKW, stylte sich das Haar und sprühte den Lack – alles ganz bequem. Das Loch wurde größer, die Feste am Himmel zerriß. Die Pole schmolzen ab, die Meere überschwemmten alles Land. Der Mensch verbrannte oder ertrank.
*Pfarrer:* So vollendete der Mensch am siebten Tag die Werke, die Gott gemacht hatte. Der Mensch – zum Bilde Gottes geschaffen – tötete sich selbst. Und Gott ruhte nicht mehr. Und die Erde war wüst und leer und es war finster auf der Tiefe und der Geist Gottes schwebte auf den Wassern.

**Ansprache**

Das Bild, liebe Gemeinde, das während des Gottesdienstes vor Ihnen entstanden ist, macht nicht gerade Mut. Ihre Kinder, die Konfirmanden unserer Gemeinde, schätzen die Situation richtig ein: Gottes gute Schöpfung ist durch unser Verhalten zum Teil so düster verhangen, wie es unser Bild zeigt. Wie gehen wir damit um?
Resigniert mit dem Bewußtsein: So ist das nun mal, wir können sowieso nichts daran ändern?
Oder nehmen wir das Bild als Aufforderung, daß sich etwas ändern muß?
Wir könnten gemeinsam Wege überlegen, wie dieser Vorhang der Zerstörung beiseite geschoben werden kann, so daß Gottes gute Schöpfung wieder unverhangen zum Vorschein kommt.
Ich habe mich für diese Möglichkeit entschieden, weil Hoffnung mehr der christlichen Botschaft entspricht als Resignation. Und Ansatzpunkte, diesen Vorhang beiseite zu schieben, finde ich in dem Teil der Schöpfungsgeschichte, wo die Erschaffung des Menschen und sein Auftrag in der Welt beschrieben wird. Ich lese uns die Stelle noch einmal; es sind die Verse 26–28. (Text)

Der Auftrag des Menschen in dieser Welt scheint eindeutig: So wird ihm aufgetragen, zu »herrschen über die Fische im Meer und die Vögel unter dem Himmel und über das Vieh und über alle Tiere des Feldes und über alles Gewürm, das auf der Erde kriecht.« Und: Gott segnet die Menschen und wiederholt diesen Auftrag: »Seid fruchtbar und mehret euch und füllet die Erde und macht sie euch untertan und herrschet über die Fische und so weiter, und so weiter ...«.

Am Ende des 2. Jahrtausends können wir uns vor Gott stellen und melden: Auftrag ausgeführt! Fast alles haben wir uns untertan gemacht; wir beherrschen fast alles!

Nur: Angesichts dieses Bildes, angesichts unserer Welt will nicht der rechte Stolz aufkommen. Angesichts dieses Bildes klingt die menschliche Vollzugsmeldung eher wie eine Bankrotterklärung: Das meiste haben wir zugrunde beherrscht. Wir haben uns die Welt so untertan gemacht, daß kaum noch etwas von ihrem ursprünglichen Gesicht zu erkennen ist. War das der Auftrag? – Grenzenlose Herrschaft? Oder gibt es Grenzen?

Allerdings. Und das hört sich so an: »Lasset uns Menschen machen, ein Bild, das uns gleich sei.« »Und Gott schuf den Menschen zu seinem Bilde. Zum Bilde Gottes schuf er ihn.« Was heißt das:

Bild Gottes zu sein? Für uns und für unseren Umgang mit seiner Welt?

Zum einen, daß der Mensch im Rahmen der Schöpfung etwas Besonderes ist. Das Wesen, das Gott am ähnlichsten ist: Schöpferisch begabt. An unseren Müllwelten, die wir ausgestellt haben, haben wir im Kleinen nachempfunden, was es heißt, etwas zu schöpfen! Der Mensch hat die Fähigkeit – ähnlich wie Gott – etwas nach seinem Willen und seiner Phantasie zu gestalten. Und das soll er auch tun.

Zum Bilde Gottes geschaffen heißt aber auch: Der Mensch soll herrschen, wie Gott herrscht. Und gestalten, wie Gott gestaltet: Also so, daß Leben möglich wird. Die gesamte Schöpfungsgeschichte berichtet, wie Gott alles so ordnet, daß Leben möglich wird.

Wenn die Menschen – die Bilder Gottes – den Auftrag bekommen zu herrschen und zu gestalten, dann sollen sie es tun, wie Gott es tut – und das heißt: dem Leben dienend, dem Leben des Menschen wie auch der ganzen Schöpfung.

Das ist ein Entscheidungskriterium, das wir als Christen in die Diskussion um das Überleben unseres Planeten einzubringen haben: Daß Entscheidungen nicht nur danach gefällt werden dürfen, ob es sich wirtschaftlich lohnt und effektiv ist. Sondern jede Entscheidung muß auch danach befragt werden, ob sie unserem und dem Überleben der gesamten Schöpfung dient oder nicht.

Natürlich kostet das auch Geld. Aber gerade dann wird's interessant, ob wir auch dann noch Anwälte des Lebens sind, wenn es etwas kostet. Das fängt im Kleinen an und es reicht bis in die großen politischen Entscheidungen hinein: Was ist uns das Überleben wert?

Für Menschen, die sich als Bilder Gottes und darum als Anwälte des Lebens wissen, gibt es keine Alternative: Wir müssen alles tun, damit dieser Vorhang wieder beiseite geschoben wird und Gottes gute Schöpfung wieder zum Vorschein kommt.
Unsere Konfirmanden als »Müll-Welten-Schöpfer« haben dazu Vorschläge gemacht. Ihre Aufgabe war, Anweisungen für die Verwalter ihrer Müll-Welten zu schreiben, für die Zeit ihrer Abwesenheit. Davon will ich zum Schluß einige vorlesen:

- Ihr müßt dafür sorgen, daß all euer Müll vernünftig beseitigt wird.
- Ihr müßt dafür sorgen, daß eure Technik sicherer wird.
- Ihr müßt dafür sorgen, daß eure Autos die Umwelt weniger belasten.
- Ihr müßt darauf achten, daß es allen Menschen gut geht, damit niemand zu Drogen greift oder kriminell wird.
- Ihr müßt dafür sorgen, daß Kriege unmöglich werden. Rüstung muß abgeschafft werden.
- Ihr müßt dafür sorgen, daß auch anderswo nicht die Umwelt wegen eurer Bedürfnisse zerstört wird. Regenwald darf nicht gerodet werden.
- Ihr müßt darauf achten, daß Tiere nicht unnütz umgebracht werden.
- Und schließlich – und ich habe mich gefragt, wieviele Menschen wohl noch auf der Erde wären, wenn das auch bei uns gelten würde –: »Wer sich nicht an die Regeln hält, wird verbannt und muß die Welt verlassen.«

Gott hat auch uns als Verwalter in seiner Welt eingesetzt. Sein Auftrag an uns heißt: Ihr seid mein Abbild in meiner Schöpfung, also herrscht auch nach meinem Vorbild. Und das heißt: Dient dem Leben, wie ich dem Leben diene, in allem, was ihr tut.
Amen.

**Fürbitten (nach Ideen der Konfirmanden und Konfirmandinnen)**
*Pfarrer:* Wir wollen mit Ihnen im Wechsel beten. Wenn es heißt »Wir rufen«, antworten Sie bitte: Herr, erbarme dich.

Guter Gott,
wir haben gehört und wissen,
wie du uns eigentlich gemeint hast.
Wer aber die Augen offen hält sieht,
wie wir tatsächlich geworden sind.
Das macht uns Angst.
Das ist gefährlich.
Unser Leben steht auf dem Spiel.
*Leser 1:* Darum bitten wir dich heute:
Hilf uns wieder so zu werden, wie du uns eigentlich gemeint hast, daß wir endlich aufhören mit dem Krieg, mit dem Kleinkrieg in unseren Familien genauso wie mit den tödlichen Kriegen in aller Welt.
Wir rufen …

*Leser 2:* Daß wir endlich aufhören, Menschen nur wegen ihrer Rasse zu hassen – nicht nur im fernen Afrika, sondern auch hier bei uns: bei denen, die aus dem Osten kommen, bei denen, die hier Arbeit suchen. Bei denen, die hier um Asyl bitten. Lehre uns in jedem Menschen das von dir gewollte und geliebte Wesen zu entdecken.
Wir rufen ...
*Leser 3:* Daß wir endlich aufhören, so leichtsinnig mit unserer Welt umzugehen, als hätten wir eine zweite. Lehre uns deine Schöpfung zu pflegen, auch wenn es etwas kostet. Denn zu deinem Bilde sind wir geschaffen. Laß uns nach deinem Vorbild handeln!
Wir rufen ...
*Leser 4:* Vor dir denken wir an die Menschen, denen das Nötigste zum Leben fehlt; in der weiten Welt, aber auch hier bei uns. Wir denken an die Menschen, die krank sind – vielleicht sogar in unserer Familie. Wir denken an die, die keine Arbeit haben. Hilf uns, Gott, zu werden, wie du uns eigentlich gemeint hast, dann werden wir Armut nicht zulassen, dann werden wir Kranke nicht allein lassen, dann werden wir allen Menschen Arbeit geben. Hilf uns, Gott, so zu werden, wie du uns eigentlich gemeint hast, damit deine Schöpfung erhalten bleibt und das Leben menschlicher wird.
*Pfarrer:* Das bitten wir, wenn wir jetzt gemeinsam mit den Worten deines Sohnes Jesus Christus beten:
Vater unser

---

# In der Arche

Gottesdienst am Sonntagabend *Egbert Rosenplänter*

Vorbemerkung
In unserer Gemeinde wird seit einiger Zeit der letzte Sonntag im Monat als Abendgottesdienst gestaltet. Jeweils eine Gruppe der Gemeinde ist für einen Gottesdienst zuständig. Eine Konfirmandengruppe gestaltete »ihren« Gottesdienst zum Thema »In der Arche«. Die Noah-Erzählung hatten sie sich ausgewählt, weil der darin enthaltene Bezug zur Umwelt-Problematik sie besonders ansprach. Die Texte und Aktionen des Gottesdienstes sind in der Gruppe ausgedacht und besprochen und von mir mitgeschrieben worden. Daraus erstellte ich ein Gottesdienst-Manuskript, das von der Gruppe noch einmal durchgesprochen und revidiert wurde.

**Verlauf**
An der Kirchentür lesen die Gottesdienstbesucher auf einem bunten Plakat:
»Willkommen in der Arche«

*Instrumentalvorspiel*

*Begrüßung*
Wir Konfirmanden haben uns mit der Geschichte von Noah und der großen Flut beschäftigt. Darum laden wir Sie in die Arche ein. Wir wollen die Geschichte mit Ihnen noch einmal nacherleben.

*Lied*

2. Und als der große Regen kam,
der Sturm begann zu toben,
da schwoll die Flut bis an den Turm,
die Arche, die schwamm oben.
Denn Noah wagt, was Gott ihm sagt;
die Arche, die schwamm oben.

(Text: R.O. Wiemer / Musik: Fritz Baltruweit, Rechte bei den Autoren)

*Lesung:* Genesis 6,5–22

**Interview**
*(Eine Sprecherin, zwei Sprecher, zwei stumme Rollen)*

*Reporter (kommt, stolpert):* Verflixt, ist das dunkel hier!
*(Kassettenrecorder und Mikrofon)* Sprechprobe – 1 2 3 4. Na, das funktioniert ja noch. Ist denn da keiner? Hallo, hallo, Herr Noah!
*Frau Noah (oben aus der Kanzel):*
Was ist denn? Was wollen Sie denn hier?
*Reporter:*
Guten Tag, ich komme vom Radio »Neue Welle«. Ich hätte da einige Fragen. Unsere Hörer interessiert …

*Frau Noah:*
Einen Augenblick! Noah, Noah! Da ist ein Reporter vom Rundfunk, der will dich was fragen! *(Zum Reporter)* Ich hab nämlich keine Zeit, wissen Sie … *(ab)*
*Noah (kommt um die Ecke):*
Ja, was ist denn?
*Reporter (schaltet an):*
Herr Noah, Sie bauen ein Schiff mitten auf dem Land. Was hat das zu bedeuten?
*Noah:*
Es kommt eine Flut!
*Reporter:*
Eine Flut? Wo soll denn eine Flut herkommen? Das Meer ist 100 km weg!
*Noah:*
Ich weiß es nicht. Ich weiß nur: Es geht so nicht weiter!
*Reporter:*
Was geht nicht weiter?
*Noah:*
Die Welt da draußen. Sehen Sie nicht, wie alles kaputtgeht? Die sterbenden Wälder? Die verpestete Luft? Die Abgase? Das Klima der Erde kippt um! Das Ozonloch ist schon über der Arktis!
*Reporter:*
Das ist doch nicht so schlimm!
*Noah:*
Nein?
*Reporter:*
Die Regierung hat zugesagt, daß in 10 Jahren 5 % weniger Schadstoffe erzeugt werden sollen. Ist das nichts?
*Noah:*
Nichts. Sie sagen es. Es nützt dann sowieso nichts mehr.
*Reporter:*
Wieso sind Sie sich eigentlich so sicher?
*Noah:*
Gott hat zu mir gesagt, bau ein Schiff. Also baue ich eins und denke mir mein Teil.
*Reporter:*
Gott hat gesagt … was hat der denn damit zu tun?
*Noah:*
Gott? Ich glaube, ihm tut das alles weh. Er hat das ja mal geschaffen. Und er wollte, daß es gut und schön ist. Und dann kommen die Menschen, diese Trottel, und machen alles kaputt.
*Reporter:*
Sagt man nicht, daß er die Menschen auch geschaffen hat?

*Noah:*
Ja, das sagt man. Und wissen Sie, was ich glaube? Es tut ihm leid. Jawohl, er bereut es, daß er sie geschaffen hat. Sehen Sie: Die Menschen, das sollte der Gipfel sein, die Krone der Schöpfung. Nicht wie die Pflanzen und Tiere. Einer der denken kann, der frei ist, der sich entscheiden kann. Und was macht er? Er entscheidet sich, alles kaputtzumachen. Sein ganzes Denken wendet er dafür auf. Ist das nicht Wahnsinn? Die Krone der Schöpfung zerstört die Schöpfung. Darauf läuft es hinaus.
*Reporter:*
Sehr interessant – wenn jemand religiös ist ...
*Noah:*
Mensch, ersaufen werden sie alle, ob religiös oder nicht!
*Reporter:*
Ist das nicht ein bißchen Panikmache, Herr Noah?
*Frau Noah (von oben):*
Noah, reicht das Heu jetzt?
*Noah:*
Nein. Sag Sem und Lea, sie sollen noch welches holen. Was sagten Sie eben?
*Reporter:*
Ist das nicht Panikmache?
*(Sem und Lea treten ein, bringen Heu, werfen es dem Reporter vor die Füße. Der Reporter springt beiseite.)*
*Noah:*
Und seht noch nach dem Körnerfutter für die Vögel. Und Rüben brauchen wir noch. *(zum Reporter)* Wie war doch Ihre Frage?
*Reporter:*
Das ist doch Unsinn. Die Regierung hat alles bestens im Griff. Das Umweltamt sammelt alle Daten. Die würden doch was tun, wenn es gefährlich würde.
*Noah:*
Ja, würden sie?
*Reporter:*
Das ist doch lächerlich!
*Noah:*
Dann lachen Sie doch.
*Reporter:*
Möchten Sie den Hörern zum Schluß noch etwas sagen?
*Noah:*
Also gut: Hört zu, Leute. Es ist höchste Zeit. Wacht auf, rettet euch. Es geht um euer Leben!
*Reporter:*
*(schaltet ab)* Hören Sie auf. Denken Sie, sowas senden wir?
*Noah:*
Ach, das senden Sie nicht?

*Reporter:*
Natürlich nicht, wenn Sie sowas sagen.
*Noah:*
Müssen Sie die Leute nicht wahrheitsgemäß informieren?
*Reporter:*
Wahrheitsgemäß informieren? Was glauben Sie denn, woher wir unser Geld bekommen? Aus Werbung natürlich. Und wenn wir sowas senden-,können wir die Einnahmen abschreiben. Außerdem wollen das die Leute auch gar nicht hören.
*Frau Noah (von oben):*
Noah! Wir fangen jetzt an, die Tiere hereinzutreiben.
*Noah:*
Gut. Die großen ganz nach unten! *(zum Reporter)* Das ist besser für die Stabilität, wissen Sie.
*Reporter:*
Sie machen wirklich ernst! Sie holen lauter Tiere hier herein?
*Noah:*
Die Flut macht ernst. Sollen die Tiere ausgerottet werden, weil der Mensch versagt hat? Ich soll retten, was zu retten ist. Aber sagen Sie mal: Wenn Sie solche Themen sowieso nicht senden, warum machen Sie das Interview überhaupt?
*Reporter:*
Ja, wissen Sie, wir haben da so eine Sendereihe: »Käuze, Originale, Sonderlinge«. Da berichten wir über lustige Leute, die etwas Verrücktes tun.
*Noah:*
Und ich habe Ihnen den Spaß verdorben?
*Reporter:*
Das kann man wohl sagen. Na, ich gehe dann.
*Noah:*
Wollen Sie nicht hierbleiben? Es geht bald los.
*Reporter:*
Ich bin doch nicht verrückt! *(geht)*
*Noah (ruft):*
Alles klar da oben?
*Frau Noah (von oben):*
Alles klar. Es sind alle an Bord.
*Noah:*
Dann macht die Luken zu.
*(Poltern, dabei Licht aus. Dann Wasserrauschen.)*

*Die Konfirmanden hatten eine Bandaufnahme vorbereitet, die Wassergeräusche hören läßt. Eine Weile ist die dunkle Kirche vom Geräusch des Wassers erfüllt. Dann mischen sich allmählich Tierstimmen dazu. Schließlich verklingt alles.*

*Während die Geräusche allmählich abklingen, kommen die Konfirmanden langsam einer nach dem anderen nach vorne in den Altarraum. Kerzen, die auf einem Brett bereitstehen, werden angezündet. Die Gruppe setzt sich um diese Lichtinsel. Ein Mikrofon liegt bereit, um das, was in der Runde gesprochen wird, der Gemeinde hörbar zu machen:*

*Lesung:* Genesis 7,17–23
*Eine Konfirmandin spricht langsam und ruhig:*
Es ist dunkel hier im Bauch der Arche. Warm und dunkel. Wir sind abgeschnitten von der Welt – ganz allein. Wir wissen nicht, was draußen ist. Wo sind die Menschen, wo die Tiere? Kein Geräusch dringt in die Arche, nur das Wasser rauscht und wiegt uns. Was wird aus uns? Werden wir auch untergehen?
Wer weiß. Solange wir leben, müssen wir zusammenhalten. Es gibt so viel zu tun. Die Tiere hier sollen am Leben bleiben. Werden wir es schaffen? Werden wir alle durchbringen? Und wozu?
Was wird uns draußen erwarten? Vielleicht gibt es da draußen nichts mehr. Wer weiß, wo wir hier schaukeln. Vielleicht existiert die Erde schon nicht mehr – und wir treiben allein und verlassen im Weltall – ein kleiner Funken Leben im unendlichen leeren Raum.

*Lied*
*Zwei Mädchen singen, mit Gitarre begleitet, »Erde, kleines Schaukelschiff« (tiefer transponiert!)*

2. Erde, großes Menschenschiff,
nußschalenklein,
wer wird durch Gefahren groß
unser Lotse sein?

3. Erde, gutes Mutterschiff,
Arche fragenvoll,
sag doch einer, wie und wann
alles enden soll?

4. Erde, kleines Schaukelschiff,
sieh, wer zu dir steigt,
frag ihn, ob er weiterweiß
und die Richtung zeigt.

5. Erde, kleines Schaukelschiff,
nußschalengroß,
treibt im dunklen Weltenraum,
der so uferlos.

(Text: Wilhelm Willms / Musik: Oskar Gottlieb Blarr, aus: Exodus, 1979. Alle Rechte im tvd-Verlag, Düsseldorf)

*Lesung:* Genesis 7,24–8,6; 8,8–8,12

*Während dieser Lesung erscheint der Noah-Darsteller auf der Kanzel, vom Licht eines Dia-Projektors angestrahlt. Er hat eine große, aus Papier gebastelte Taube an einem dünnen Faden. Er läßt die Taube langsam eine Runde um die Kanzel fliegen. Dann nimmt er sie wieder zurück.*
*Beim zweiten Mal hat er der Taube ein Blatt (aus Tonpapier) in den Schnabel geschoben.*
*Beim dritten Mal wird die Taube zur Seite geführt, dann der Projektor ausgeschaltet. Die Taube ist weg.*

*Lesung:* Genesis 8,13–19.21–22

*Poltergeräusche, Licht in der Kirche an. Die Tierstimmen noch einmal vom Band, sie schwellen zu lautem Getöse an und verklingen.*

*Ein Regenbogen (auf ein Dia gemalt) wird in den Altarraum projiziert.*
*Dazu wird weitergelesen:*
Genesis 9,8–12

*Die Konfirmanden stehen auf und verlassen den Altarraum. Eine Konfirmandin kommt noch einmal zurück und spricht vom Lesepult aus:*
Da gehen sie. Die Welt liegt wieder vor ihnen wie damals, als die Schöpfung begann. Wir können noch einmal von vorne anfangen. Der Dreck – das Gift – alles weggewaschen von der Flut.
Das Gras ist wieder grün und der Himmel blau. Die Bäche und Flüsse sind wieder klar – jeder kann davon trinken.
In den Tagen der Arche haben wir zusammengehalten – Mensch und Tier. Wir haben es gemeinsam überstanden. Jeder hat jedem geholfen. Wird es so weitergehen? Menschen, die zusammenhalten als Brüder und Schwestern? Die Frieden halten untereinander und mit der Natur?
Die Welt draußen ist schön – wenn sie doch so bleibt.
Der Regenbogen ist ein Zeichen. Gott will nie wieder die Flut kommen lassen. Nie wieder kommt das Verderben, wenn wir es nicht selbst schicken. Immer sollen die Jahreszeiten bleiben: Saat und Ernte, Frost und Hitze, Sommer und Winter, Tag und Nacht.

*Lied:* Als Noah in die Arche ging (Melodie s. S. 94)

3.
Und als der Himmel nicht mehr floß
als helle Nebel stiegen,
ließ Noah aus dem Fensterloch
eine weiße Taube fliegen.
Denn Noah wagt, was Gott ihm sagt,
ließ eine Taube fliegen.

4.
Und als die Taube wiederkam
mit ausgebreiteten Schwingen,
und als sie saß auf Noahs Hand,
was tat' sie da mitbringen?
Denn Noah wagt, was Gott ihm sagt –
was tat' sie da mitbringen?

5.
Ein Blatt vom Ölbaum, das war grün!
Die Taube wollt nicht rasten.
Und als sie dann nicht wiederkam,
ging Noah aus dem Kasten.
Denn Noah wagt, was Gott ihm sagt,
Noah ging aus dem Kasten.

6.
Die Tier' frohlockten um ihn her,
die Kraniche, sie flogen.
Die Fische schwammen froh im Meer,
am Himmel stand der Bogen.
Denn Noah wagt, was Gott ihm sagt –
Am Himmel stand der Bogen.

*Fürbittengebet* (Die Konfirmanden sprechen abwechselnd)

Gott, die Welt ist gut und schön.
Wir möchten, daß sie so bleibt,
daß sie nicht zerstört wird
aus Dummheit und Gewinnsucht.

Wir denken an das Wasser und die Luft,
die mit Schadstoffen belastet sind,
mit Abgasen und Chemikalien vergiftet.

Wir denken an die Wälder,
die von Abgasen krank werden,
die sinnlos zerstört und verbrannt werden
oder abgeholzt und verkauft wie der Regenwald.

Wir denken an die Tiere,
die aussterben, weil ihr Lebensraum zerstört wird,
die mit Versuchen gequält
oder für Pelze umgebracht werden.

Wir denken an unseren Leichtsinn,
wie wir Müll und Abfall anhäufen
vieles unnütz verpacken, oft doppelt und dreifach
und alles wegwerfen.

Wir denken an die Kriege,
die auch jetzt auf der ganzen Erde herrschen:
In Jugoslawien, in der Türkei und vielen anderen Ländern,
und an die Menschen, die dort leiden, verletzt oder getötet werden.

Wir denken an die Menschen in der Gegend von Tschernobyl,
die in einer von Strahlung verseuchten Umwelt leben müssen
durch die Schäden krank werden und sterben.

Wir denken an die vielen Menschen,
die bei Unfällen auf unseren Straßen verletzt werden oder umkommen,
weil andere leichtsinnig und verantwortungslos fahren.

Goff, hilf uns allen,
daß wir zur Vernunft kommen,
daß wir die Welt und alles Leben schützen und erhalten.

*Gemeinsames Vaterunser*

*Schlußwort:* Auch wir gehen nun aus der Arche. Wir sind noch einmal davongekommen. Draußen ist es dunkel geworden. Der Mond scheint auf die Welt, die uns noch einmal geschenkt worden ist. Gehen wir in Frieden.

*Lied:* EKG 368,1+3+7 »Der Mond ist aufgegangen«

## Die anderen und ich

Gottesdienst mit pantomimischen Elementen *Kurt Dohm*

*Eingangsmusik*

*Votum, Begrüßung*
Im Namen Gottes, des Vaters und des Sohnes und des Hl. Geistes. Amen.
Unser Anfang und unsere Hilfe stehen im Namen des Herrn, der Himmel und Erde gemacht hat. Amen.
Ich begrüße Sie herzlich zu diesem Gottesdienst, den die Konfirmanden auf ihrer Freizeit vorbereitet haben. Er steht unter dem Thema »Die anderen und ich«. Die Konfirmanden werden selber einige Texte dazu sprechen. Ich bitte um Nachsicht, wenn vielleicht der eine oder andere nicht laut oder deutlich genug sprechen sollte. Sie sind sicher ein wenig aufgeregt.

*Lied:* EKG 190 »Wohl denen, die da wandeln«

*Gebet*
*Konfirmand:*

Gott, Vater,
Wir feiern diesen Gottesdienst,
um in der Gemeinschaft der Kirche
mit dir und durch dich unser Leben zu wagen.
Dafür danken wir dir und bitten dich,
diesen Gottesdienst zu segnen
und für uns gelingen zu lassen.
Amen.

*Psalm* 112,1–9
Ehre sei dem Vater und dem Sohn und dem Heiligen Geist, wie es war im Anfang, jetzt und immerdar und von Ewigkeit zu Ewigkeit. Amen.

*Lied:* EKG 131,1 »Allein Gott in der Höh' sei Ehr'«

*Lesung:* Lukas 10,25–37
Zu dieser biblischen Geschichte vom Menschen, der unter die Räuber gefallen war, haben die Konfirmanden eine Spielszene erarbeitet, mit der diese Geschichte in unsere Zeit verlegt wird:

**Pantomime**
*Ein Einzelner sitzt auf einem Stuhl, die Seite der Gemeinde zugewandt. Die Haltung drückt Traurigkeit, Einsamkeit, Niedergeschlagenheit aus.*
*Der jeweilige Sprecher steht seitlich und spricht ins Mikrofon.*

*Sprecher:*
Ein Mensch, allein.
Allein mit seiner Trauer, mit seinem Kummer.
Wir wissen nicht, was ihn bewegt und bedrückt.
Vielleicht hat dieses Mädchen Streit mit seinen Eltern gehabt.
Vielleicht ist es von seinem Freund verlassen worden.
Oder es hat in der Schule versagt.
Oder es leidet darunter, von anderen nicht ernst genommen zu werden,
nicht beachtet zu werden,
nicht verstanden zu werden.
Wir wissen es nicht.
Wir sehen nur einen Menschen,
der allein ist mit sich und seinen Fragen.

*Zwei andere treten auf, sie gehen langsam an dem Mädchen vorbei, beachten es nicht, sind in ein stummes Gespräch vertieft. Sie werfen einen kurzen Blick auf die, die da sitzt, beachten sie aber nicht weiter und gehen vorüber.*

*Sprecher:*
Zwei gehen vorüber.
Sie sind mit sich selbst beschäftigt,
mit ihren eigenen Gedanken.
Sie haben ihre eigenen Interessen,
auch ihre eigenen Sorgen.
Sie sehen zwar auch die anderen,

nehmen sie aber nicht wahr.
Es läßt sie gleichgültig,
wer da noch ist neben ihnen.
Es berührt sie nicht,
wenn da jemand ist
in seiner Einsamkeit, seinem Kummer.
Sie gehen vorüber.

*Eine andere Gruppe tritt auf, locker, leicht, selbstbewußt. Einer bemerkt das Mädchen, bleibt stehen, zeigt darauf, weist die anderen darauf hin. Sie lachen, schütteln mit dem Kopf, machen wegwerfende Handbewegungen, gehen weiter.*

*Sprecher:*
Andere kommen.
Sie sind heiter, fröhlich gestimmt.
Sie nehmen das Leben leicht.
Sie bemerken das Mädchen.
Es ist ihnen fremd.
Seine Sorgen sind ihnen fremd.
Sie finden alles eher komisch.
Wie kann man nur traurig sein in diesem schönen Leben?
Wie kann man nur allein sein bei so vielen tollen Leuten?
Sie lachen und verstehen nichts.
Sie gehen weiter.

*Eine größere Gruppe kommt. Sie sehen das Mädchen, gehen darauf zu, sprechen es an, umfassen es, nehmen es in ihre Mitte, heben es auf, gehen mit ihm weiter.*

*Sprecher:*
Wieder kommen andere.
Sie sehen das Mädchen, bleiben stehen.
Sie nehmen es wahr.
Sie nehmen es mit seinem Kummer, mit seiner Traurigkeit wahr.
Sie sprechen ihm Mut zu.
Sie nehmen es in ihre Mitte.
Sie richten es auf.
Es gehört jetzt zu ihnen.
Es ist nicht mehr allein.
Gemeinsam können sie den Weg weitergehen.

*Lied:* B 96 »Brich mit den Hungrigen dein Brot« (aus: Mein Liederbuch für heute und morgen)

*Glaubensbekenntnis (aus unserer Zeit)*

*Konfirmanden:*
Ich glaube an Gott.
Er ist unser Vater.
Er hat die Erde erschaffen
und hat auch mir mein Leben gegeben.
Es gehört Gott und nicht mir.
Aber ich darf es mit Freude gestalten.
Und ich trage die Verantwortung für mein Leben.
Dabei kann ich mich auf Gottes Liebe verlassen.

Ich glaube an Jesus Christus.
In ihm hat Gottes Liebe Gestalt angenommen.
Jesus ist zu allen Menschen gekommen.
Er will, daß wir in Liebe miteinander umgehen.
Darum können mir andere Menschen nicht gleichgültig sein.
Wenn sie glücklich sind, freue ich mich mit.
Wenn es ihnen schlecht geht, kann es auch mir nicht gut gehen.
Durch Jesus gehören wir zusammen.

Ich glaube an den Geist Gottes,
der ein Atem des Lebens ist.
Er wohnt in allem, was lebt.
Er gibt den Tieren und den Pflanzen
und allem, was ist, die eigene Würde
und das eigene Recht auf Leben.
Er gibt mir die Einsicht und die Weisheit,
sorgsam mit dem Leben umzugehen.
Er weckt den Glauben und die Hoffnung,
daß Gott seine ganze Schöpfung neu machen wird.

*Lied:* A 35 »Gott liebt diese Welt« (aus: Mein Liederbuch für heute und morgen)

**Predigt**

Der Predigttext für diesen Sonntag steht im 1. Brief des Johannes, Kapitel 5,1–4:
(Text lesen)
Mit dem Glauben fängt der Text an und mit dem Glauben hört der Text auf. (Helmut Barié, in: CPhNf II/1, 1991, S. 261) Dazwischen ist die Rede von der Liebe, die dem Glauben nicht von der Seite weicht. Weil Glaube ohne Liebe, ohne die Liebe zu Gott und dem Nächsten, eine bloße Formel wäre und ein leeres Ding.

Um den Glauben geht es auch im Konfirmandenunterricht. Um den Glauben an Gott, den Schöpfer, und an Jesus Christus. Wie es im Glaubensbekenntnis der Kirche gesagt wird, das Ihr, die Konfirmanden, gelernt habt. Oder wie es auch in solchen Sätzen ausgedrückt wird, die einige von Euch nachher noch sprechen werden.
Glaube ohne Liebe ist wie gesagt leer und sinnlos. Darum war im Unterricht auch immer wieder davon die Rede, etwa von der Liebe zum nahen Nächsten, den Eltern und Geschwistern wie den Hilfebedürftigen oder Fremden, die unter uns leben. Oder von der Liebe zum fernen Nächsten, die ihren Ausdruck findet in Aktionen der Kirche wie »Brot für die Welt« oder in der Sammlung für ein Waisenhaus in Neapel.
Glaube und Liebe sind Themen des Konfirmandenunterrichts. Die Schwierigkeit dabei ist nur, daß man beides nicht lernen kann, so wie man Englisch lernt, oder Schwimmen oder Flötespielen.
Das weiß offenbar auch der Verfasser unseres Textes. Darum sagt er: Das ist die Liebe zu Gott, daß wir seine Gebote halten. Das gehört also alles zusammen: Liebe zu Gott, Liebe zum Nächsten, das Halten der Gebote. Und die Gebote sind dabei das, was man eben lernen kann.
Ihr habt diese Gebote schon auswendig gelernt. Ob Ihr damit auch gelernt habt, sie zu halten, weiß ich nicht. Das muß sich wohl auch noch erst herausstellen in Eurem Leben. Nämlich dann, wenn sich Konflikte einstellen, mit den Eltern, in der Freundschaft, in Schule und Beruf, mit anderen. Dann wird sich zeigen müssen, ob die Gebote Gottes sich für Euer Leben bewähren.
Wir haben auf unserer gemeinsamen Freizeit, als wir diesen Gottesdienst vorbereitet haben, darüber gesprochen. Sie stand ja unter dem Thema »Die anderen und ich«.
Ich möchte ein wenig von dieser Freizeit und dem, was uns da beschäftigt hat, erzählen.
Am Anfang stand da die Frage: Wer bin ich selber eigentlich? Denn wenn ich wissen will, wie ich mit anderen Menschen umgehen kann und soll, muß ich ja auch ein wenig über mich selbst Bescheid wissen. Ja, mehr noch: Ich muß mich selbst auch annehmen und akzeptieren können, mit meinen guten und meinen weniger guten Seiten. Nicht umsonst heißt es: Du sollst deinen Nächsten lieben wie dich selbst. Wer sich selber nicht mag, wie soll er die anderen mögen? Und manchmal ist gerade das ein Problem bei jungen Menschen. Sie wissen noch nicht so recht, ob sie o.k. sind, in Ordnung vor den anderen, vor sich selbst. Sie stecken voller Selbstzweifel, was wir Erwachsenen nicht immer merken, und woraus dann manche Ungerechtigkeit kommt.
Na, jedenfalls haben die Konfirmanden dann ein wenig von sich erzählt, von ihren Vorlieben, Interessen und Hobbies. Und einige wenige sind auch ganz offen gewesen und haben von sich gesagt, daß sie nachdenklich, still und schüchtern seien, oder auch hilfsbereit und vertrauenswürdig. Und

einige standen auch dazu, daß sie leicht nachtragend seien und durchaus auch einmal »Mist bauen«. Das konnten wir anderen dann ja auch bestätigen.
Dann haben wir darüber nachgedacht, mit welchen Menschen wir es denn zu tun haben: mit Eltern und Geschwistern, Großeltern, Verwandten und Freunden und Mitschülern, Nachbarn und Ausländern, mit Lehrern und mit dem Pastor. Aber auch Politiker und andere bestimmen über unser Leben.
Dabei bestehen zu einigen schöne und gute Beziehungen, zu anderen sind die Beziehungen offenbar eher schwierig.
Ihnen, den Eltern und ganz besonders den Großeltern, sage ich gerne, daß Ihre Kinder ein durchweg gutes Verhältnis zu Ihnen haben. Mit den Geschwistern und Verwandten ist das manchmal schon schwieriger. Nachbarn sind anscheinend ein Problem für sich. Ganz schlecht weg kommen die Politiker. Und auch die Lehrer. »Denn die kriegen ja doch immer Recht, auch wenn sie im Unrecht sind«, ist immer wieder geklagt worden. Und – ich sage das natürlich nur sehr ungern – nur wenig besser als die Lehrer stehen die Pastoren da. Beide haben eben für die Konfirmanden doch mit Unterricht und Lernen zu tun.
Konflikte gibt es natürlich immer wieder: Meinungsverschiedenheiten mit den Eltern über die Zeit, wann man zuhause zu sein hat; Neid, Eifersucht und Streit wegen Angebereien mit Freunden; böse Schlägereien mit ausländischen Jugendlichen, obwohl es da auch viele gute Beziehungen gibt.
Man kann solche Konflikte dann auf sehr verschiedene Weise lösen: mit Gegenwehr und Gewalt; oder man geht ihnen von vornherein aus dem Wege, gibt selber lieber nach; oder man versucht, den anderen zu akzeptieren, fair mit ihm umzugehen, mit ihm zu reden, nach Kompromissen zu suchen. All das ist in den Gesprächen genannt worden.
Dabei ist sicher auch deutlich geworden, daß der christliche Weg der ist, auf den anderen zuzugehen, ihn mit seinen Meinungen ernst zu nehmen, mit ihm gemeinsam nach Lösungen zu suchen.
Wer das versucht, der ist ziemlich nahe dran an dem, was mit den Geboten gemeint ist. Er ist dabei, die Gebote zu halten, die ja – wie unser Briefeschreiber sagt – nicht schwer zu halten sind. Ein solches Verhalten kann man lernen. Man kann lernen, den anderen in seiner Andersartigkeit wahrzunehmen, ihn zu achten und zu respektieren, auch wenn er ein Lehrer ist.
Man kann lernen, die Eltern in Ehren zu halten, niemandem an Leib und Leben zu schaden, sein Eigentum zu achten, in keine fremde Ehe einzubrechen, auf seine eigenen Worte zu achten und was dergleichen mehr ist.
Den anderen dabei überhaupt wahrzunehmen, ist der erste Schritt zur Konfliktlösung, ist der erste Schritt zum Frieden, im Kleinen wie im Großen.
Ihr, liebe Konfirmanden, würdet dann wohl noch nicht von Liebe reden. Für Euch hat Liebe im Augenblick wohl eher etwas mit den Beziehungen zwischen Jungen und Mädchen zu tun.

Aber genau das ist doch Liebe: den anderen so zu sehen, wie er ist, ihn gelten zu lassen und ihm als das zu begegnen, was er ist: von Gott geboren wie wir selber, Kind Gottes wie wir, also unser Bruder, unsere Schwester. Und das bezieht sich dann nicht nur auf den Freund oder die Freundin, sondern auf jeden Menschen.

Die Konfirmanden haben vorhin eine Pantomime gespielt, in Anlehnung an das Gleichnis vom Barmherzigen Samariter. Dieses Gleichnis antwortet auf die Frage nach dem Gebot Gottes und darauf, wie denn die Liebe zum Nächsten verwirklicht wird.

In unserer Pantomime hatten wir ein Mädchen gesehen, das in irgendwelche Konflikte geraten war, das von einem Kummer bedrückt wurde.

Die erste Gruppe von jungen Leuten, die an diesem Mädchen vorüberging, hatte es zwar gesehen, aber gar nicht recht wahrgenommen. Die beiden waren so mit sich selber beschäftigt, daß andere sie unberührt lassen. In dem biblischen Gleichnis waren es ein Priester und ein Tempeldiener gewesen, die an dem, der unter die Räuber gefallen war, vorübergegangen waren, ohne ihn wahrzunehmen.

In der zweiten Gruppe hatten die Jugendlichen das Mädchen wohl bemerkt. Sie haben auch gemerkt, daß etwas nicht stimmte. Aber verstanden haben sie nichts. Sie standen auf der anderen Seite des Lebens, da wo alles schön und in Ordnung ist und man von Traurigkeit nichts weiß.

Erst die dritte Gruppe, entsprechend dem Samariter, hatte das Mädchen wirklich wahrgenommen. Diese jungen Leute sind auf das Mädchen zugegangen, haben hingesehen und hingehört und es in ihre Mitte genommen. Sie sind die Nächsten für jemanden geworden, der allein gewesen ist in seinem Kummer. Sie haben Liebe geübt. Sie haben das Gebot der Nächstenliebe gehalten.

Man kann das lernen. Am besten lernt man ein solches Verhalten zuhause, am Vorbild der Eltern. Wir haben auch versucht, es im Unterricht und auf der Freizeit zu vermitteln.

Und man kann es immer wieder einüben in den Grupen der Gemeinde.

Wie jemand sich im alltäglichen Leben verhält, wonach er sich richtet, das hängt oft von den Menschen ab, mit denen er sich umgibt. Darum sind Eltern auch darauf bedacht, mit wem ihre Kinder es zu tun haben. Eine schlechte Gesellschaft verdirbt. Eine gute Gruppe kann mit ihrer Gemeinschaft gerade jungen Menschen helfen, selber sicherer zu werden und ein soziales Verhalten einzuüben.

Wir bieten Euch, liebe Konfirmanden, darum die Gruppen unserer Gemeinde an. Daß wir miteinander ein Verhalten einüben, das den Geboten Gottes nahekommt. Das gelingt natürlich nicht immer. Es lassen sich auch nicht alle Konflikte auf diese Weises lösen. Aber wir können doch miteinander und voneinander lernen.

Und so schließlich überwinden, was unser Leben kaputtzumachen droht: Gleichgültigkeit, Lieblosigkeit, Egoismus, Dummheit, Haß, Untreue, Maßlosigkeit, und was da noch mehr ist.

Wenn unser Text mit dem so triumphal klingenden Satz endet: Unser Glaube ist der Sieg, der die Welt überwunden hat – dann hat er Recht damit.
Wir glauben an Jesus Christus, der auf die Menschen zugegangen ist, der die Liebe nicht nur gepredigt hat, der für sich selber nichts gewollt hat, der ganz nach Gottes Gebot gelebt hat – und der damit angefangen hat, all das zu überwinden, was das Leben kaputtmacht. Indem wir an ihn glauben und wie er zu leben versuchen, haben wir an seinem Sieg teil.
Ich möchte mit einem Satz von Helmuth James von Moltke enden, einem Mann, der im Dritten Reich zu dem Kreis des Widerstandes zählte und der 1940 in einem Brief geschrieben hat: »Wer aber jeden Tag weiß, was gut ist und was böse, und daran nicht irre wird, wie groß auch der Triumph des Bösen zu sein scheint, der hat den ersten Stein zur Überwindung des Bösen gelegt.« (H. Barié, a.a.O., S. 262)
»Wer aber jeden Tag weiß, was gut ist und was böse, und daran nicht irre wird, wie groß auch der Triumph des Bösen zu sein scheint, der hat den ersten Stein zur Überwindung des Bösen gelegt.« Amen.

*Gebet*

*Pfarrer:*
Wir danken dir, Gott, daß du uns das Leben gegeben hast und es uns immer wieder neu ermöglichst.
Du gibst uns Menschen an die Seite und zeigst uns, wie wir gemeinsam unser Leben verantwortlich gestalten können.
Weil aber nicht alle Menschen in Glück und Frieden leben können, darum bitten wir dich für alle, die auf irgendeine Weise Not leiden und die auf Hilfe hoffen.

*Konfirmand:*
Wir beten für die Menschen in unserer Nähe, deren Leben gefährdet ist,
für die Kranken und Sterbenden,
für die von Alkohol und Drogen Abhängigen,
für Menschen ohne Wohnung,
daß wir ihnen die nötige Hilfe geben.

Wir rufen zu dir: Herr, erhöre uns!

*Konfirmand:*
Wir beten für die Menschen in der Ferne:
für alle, die unter Kriegen zu leiden haben,
für die Hungernden in der Dritten Welt,
für die Völker Osteuropas,
daß die Not ein Ende habe und sie in Frieden leben können.

Wir rufen zu dir: Herr, erhöre uns!

*Konfirmand:*
Wir beten für uns selbst:
für eine gute Zukunft,
für den Zusammenhalt in der Familie,
für unsere Freunde,
daß uns nichts Böses geschehen möge.

Wir rufen zu dir: Herr, erhöre uns!

*Pfarrer:*
Wir beten für unsere Gemeinde,
für die Gemeinschaft von Jungen und Alten,
für die Ausbreitung und Festigung des Glaubens,
für alle, die in der Gemeinde ihren Dienst tun,
daß Gottes Geist uns in allem beistehe.

Wir rufen zu dir: Herr, erhöre uns!

*Lied:* B 48 »Vaterunser« (aus: Mein Liederbuch für heute und morgen)

*Segen*
Gehet hin unter dem Segen Gottes:
Geht mit der Einsicht, daß wir als Christen Verantwortung tragen für alle Menschen.
Geht mit der Absicht, in Wort und Tat einzustehen für Gerechtigkeit, Liebe und Frieden.
Geht mit der Aussicht, daß der Herr euch begegnet, wenn ihr dem Geringsten seiner Brüder Gutes tut.
Es segne euch der Vater, der Sohn und der Heilige Geist. Amen.
(nach: Mein Liederbuch für heute und morgen, S. 27)

*Orgelmusik*

# Nichts hören – nichts sehen – nichts sagen?

Gottesdienst mit Konfirmandinnen und Konfirmanden über Jugendbanden und Brutalität in den Städten *Klaus Eulenberger*

Vorbemerkungen

Frage einiger Eltern während des »Vorstellungsabends« zu Beginn des Konfirmandenunterrichtes: Machen Sie eigentlich auch manchmal Gottesdienste mit Konfirmanden, also solche, die im Unterricht vorbereitet werden? Ein Dreivierteljahr später erinnere ich mich daran, daß ich gesagt habe: ja, manchmal schon. Frage an die Konfirmanden: Habt ihr Lust? Sie haben. Von diesem Tag an haben wir dreieinhalb Wochen Vorbereitungszeit – genug, um ohne Panik zu arbeiten, und wenig genug, daß jener Zeitdruck ins Spiel kommt, der solchen Unternehmungen bekömmlich ist. In der ersten Stunde: Suche nach Themen. Worum könnte es gehen? (Es ist nichts vorgegeben, auch nichts nahegelegt.) 23 Themen werden notiert: Umweltprobleme – Altersversorgung – »Ich weiß (nicht), wer ich bin« – Jugendbanden bzw. Brutalität – Kinderfeindlichkeit – Krieg und Frieden – »Moderne Kirchenplanung« – Vorurteile gegen Menschen anderen Glaubens ... Wir treffen noch keine Entscheidung. – 2. Stunde: Ausführliche Debatte über die genannten Themen, die meisten werden ausgegrenzt, es bleiben zwei oder drei in der »engeren Wahl«, schließlich fällt – per Abstimmung – eine eindeutige Entscheidung: Der Gottesdienst soll sich mit »Jugendbanden und Brutalität« beschäftigen. Fast allen fällt dazu etwas ein: eigene Erlebnisse, Zeitungs- und Fernsehberichte, Schulgespräche. Nur mir, dem Theologen, fällt zunächst nichts ein: Wie soll man zu diesem Thema einen Gottesdienst machen?

Während ich nach Hause radle, erzähle ich einem Lehrer von unserem Plan; er versorgt mich am selben Tag mit einer Zeitschrift, in der Rechtsextremismus, Ausländerfeindlichkeit, Gewalt verhandelt werden. Darin ein Interview mit der 13jährigen »Sandra«. Ebenso zufällig gerate ich an ein eben erschienenes Buch: »Krieg in den Städten« von Klaus Farin und Eberhard Seidel-Pielen. Von nun an ist dies kein Thema unter vielen mehr; es ist »das« Thema dieser Tage geworden. Das Weitere ergibt sich – in der 3. Stunde und den Tagen danach – fast von selbst: Zwölf Konfirmanden werden eine Spielszene entwerfen und einüben (die Probe findet zwei Tage vor dem Gottesdienst statt), zwei werden das Interview mit »Sandra« auf Tonband sprechen, drei andere machen einen Kommentar dazu, ein Mädchen macht eine kleine »Einführung ins Thema«, ein anderes traut sich zu, ein Gebet zu formulieren. Und biblische Texte finden sich auch, wie von selbst: Das Evangelium des 3. Sonntags nach Trinitatis ist das Gleichnis vom verlorenen Schaf, und Herr V., der Wind von unserem Projekt bekommen hat, findet, daß das eine doch sehr genau zum anderen passe. Einem der Konfirmanden aber fällt die Geschichte vom barmherzigen Samariter ein. Wir haben alles, was ein Gottesdienst braucht.

*Vorspiel*

*Begrüßung*

*Lied:* Erleuchte und bewege uns (mehrere Wiederholungen!)

**Einführung in das Thema »Jugendbanden, Brutalität in den Städten«**
Jugendbanden und Brutalität: ein Thema, das zur Zeit immer brisanter wird. New York, London und Paris – das alles ist weit weg. Doch jetzt werden die Überfälle durch Jugenbanden auch bei uns immer häufiger, und wir können sie nicht ignorieren. Viele haben Angst, ihre Kinder allein auf die Straße zu lassen. Sie fürchten, daß sie ausgeraubt und zusammengeschlagen werden. Viele versuchen, wegzusehen; oft bleiben die Opfer sich

selbst überlassen. Aber sind nicht auch diejenigen Opfer, die zu den sogenannten *gangs* gehören? Wir versuchen, hinzusehen und etwas zu verstehen. Darum haben wir Konfirmanden diesen Gottesdienst vorbereitet.

*(Stefanie)*

*Zwei biblische Lesungen:*
Lukasevangelium 10. Kapitel, Vers 30–35
*(Carsten)*
Lukasevangelium 15. Kapitel, Vers 1–7
*(Friederike)*

*Lied:* Brich mit dem Hungrigen dein Brot (Aus: »Unkraut Leben«)

**Interview**
Wir hören ein Interview: Der Lehrer einer Hamburger Gewerbeschule, Thomas Johanssen, spricht mit »Sandra S.«, einer 14jährigen Schülerin (das Interview haben Antje und Tobias auf Tonband gesprochen).

*Thomas Johanssen:* Wie lebst Du eigentlich?
*Sandra:* Normal, in 'ner Jugendwohnung.
*Th. J.:*Wieso?
*Sandra:* Weil ich Streit mit meinen Eltern hatte. Ich bin oft von zu Hause abgehauen, wegen zwei Skins von mir. Die hatten zwei Punker zusammengetreten und meine Mutter meinte, das würden die dann auch mit mir machen. Außerdem war sie sauer, weil zwei Türken umgebracht worden sind, von zwei Skins; deswegen hatte sie ein bißchen Angst. Dann bin ich abgehauen. Als sie mich erwischt haben, kam ich nur noch besoffen nach Hause.
*Th. J.:* Wo sind zwei Türken umgebracht worden?
*Sandra:* Einmal in Bergedorf einer – und in der Innenstadt wurde einer umgebracht.
*Th. J.:* Kanntest du diejenigen, die sie umgebracht haben?
*Sandra:* Ja, die waren auch öfters bei mir.
*Th. J.:* Wie findest Du das, daß sie die beiden umgebracht haben?
*Sandra:* Das wollten sie selber nicht, aber das ist dann doch so gekommen, weil sie da erst so getreten haben und mit Gehwegplatten geschmissen haben. Und der andere, den haben sie nur zusammengetreten. Da ist irgendwie das Gehirn eingetreten gewesen.
*Th. J.:* Mir verschlägt es fast die Sprache, wie Du darüber redest!
*Sandra:* Also gut finde ich es nicht gerade, daß sie die Türken umbringen. Also mit Prügel würde ich das noch verstehen. Sie wußten eben nicht, wie gefährlich das ist, wo sie zugetreten haben. Nee, das wußten die eben nicht. Sie haben auch Eisenplatten genommen.

*Th. J.:* Du bist doch der Meinung, daß Deine Mutter zu hart reagiert hat. Was hätte sie anders machen sollen?
*Sandra:* Erst mal die Leute kennenlernen. Ich wollte ihr ja erklären, daß die überhaupt nicht so sind. Dann wäre das vielleicht ganz anders gekommen.
*Th. J.:* Hast Du keine Angst, kriminell zu werden, wenn Du Randale machst?
*Sandra:* Ich wehr' mich mit Messern oder so. Manchmal flipp' ich auch aus. Letztens war ich am Hauptbahnhof. Da hat mich so 'ne Polin von der Seite angelabert. Da hat sie mich geschubst, da bin ich hinterhergerannt, da bin ich ihr dann in den Rücken gesprungen, dann hatte sie später Nasenbluten.
*Th. J.:* Wieso?
*Sandra:* Weil ich ihr ins Gesicht getreten hatte. Dann hat sie aufgehört, aber ich hab' dann noch weitergemacht. Dann kam später die Polizei.
*Th. J.:* Du bist mit Skins zusammen. Wie hast Du Kontakt mit denen gekriegt?
*Sandra:* Da ist so ein Treffen gewesen, da waren die auch immer. John-Henry's-Treff in Lohbrügge.
*Th. J.:* Ist das eine Kneipe?
*Sandta:* Ja, da kommen nur Skins 'rein.
*Th. J.:* Was passiert da, wenn Ihr Euch trefft?
*Sandra:* Viel. Die meisten trinken da drinnen, Billiardspiel, Daddelautomaten, reden.
*Th. J.:* Das tun in anderen Kneipen auch viele Leute.
*Sandra:* Aber da ist so'n Treff. Oder im Bürgerhaus, da kann man hin, wenn's langweilig ist.
*Th. J.:* Letztes Wochenende bist Du auch irgendwo hingefahren.
*Sandra:* Da war 'ne Skinfete, getrunken, Musik gehört.
*Th. J.:* Und Randale gemacht.
*Sandra:* Bißchen. Also, wir mußten im Auto bleiben und die Jungs sind dann losgegangen und dahinter war auch so'n Treff, da sind Punks drinne, so'ne Alternativkneipe, die haben sie dann gestürmt.
*Th. J.:* Wie oft trefft Ihr Euch?
*Sandra:* In der Woche meistens zwei Mal. Sonst immer am Wochenende oder beim Fußballspiel.
*Th. J.:* Was ist für Dich daran gut?
*Sandra:* Ich kenne Leute, deshalb häng ich mit ihnen rum.
*Th. J.:* Hat das politische Gründe?
*Sandra:* Weil ich was gegen Ausländer habe. Vor allem gegen die Leute aus Mümmelmannsberg.
*Th. J.:* Nun gibt es ja viele Gruppen. Was ist das Besondere bei Euch?
*Sandra:* Die anderen Gruppen sind ja gegen die Skins, obwohl die ganz kurze Haare haben.
*Th. J.:* Würdest Du Dich selber als rechtsradikal bezeichnen?

*Sandra:* Nein.
*Th. J.:* Du schreibst oft Parolen »Deutschland erwache« und auch »Rotfront verrecke«. Was bedeutet das für Dich?
*Sandra:* Ja, daß Deutschland erwachen soll.
*Th. J.:* Wozu erwachen?
*Sandra:* ...
*Th. J.:* Was heißt denn erwachen?
*Sandra:* Ja einfach, daß Deutschland erwachen soll. Das heißt so.
*Th. J.:* Das hat doch eine politische Bedeutung.
*Sandra:* Daß Deutschland deutsch ist.
*Th. J.:* Ist Deutschland denn nicht deutsch?
*Sandra:* Nee.
*Th. J.:* Warum nicht?
*Sandra:* Weil so viele Ausländer hier sind. Die meisten nehmen unsere Arbeitsplätze weg. Die benehmen sich eben daneben.
*Th. J.:* Was sollte man mit den Ausländern denn machen?
*Sandra:* Zurück in ihr Land schicken. Die sich benehmen, hierbleiben, die sich daneben benehmen, zurück.
*Th. J.:* Was tut Ihr denn?
*Sandra:* Paar Parolen loslassen, aber das bringt auch nichts.
*Th. J.:* Hast Du Schwierigkeiten, darüber zu reden, daß Du rechte Freunde hast?
*Sandra:* Ja, es geht.
*Th. J.:* Wie reagieren Erwachsene darauf?
*Sandra:* Mein Betreuer findet das nicht so gut. Er kann mir das nicht ausreden, hat er gesagt.
*Th. J.:* So richtig bekennst Du Dich eigentlich nicht zu den Skins. Hat das mit den Reaktionen der Erwachsenen zu tun?
*Sandra:* Sie meinen, die Skins haben nichts im Gehirn, schlagen drauflos. Die meisten sagen, sie haben überhaupt keinen Schulabschluß, arbeiten nicht, saufen nur.
*Th. J.:* Stimmt das?
*Sandra:* Die Bergedorfer Skins, da gab's einige, die echt so waren, die den Türken die Augen raushauen und all so'ne Dinger. Und die hier, die randalieren auch ordentlich, aber die meisten haben auch Arbeit und gehen zur Schule.

(Interview: Thomas Johanssen, Gewerbeschule 20, Billwerder Billdeich 620, 2050 Hamburg 80. Dieser Beitrag erschien erstmals in der Zeitschrift »Hamburg macht Schule« / Heft 2/90, Pädagogische Beiträge Verlag, Hamburg)

**Kommentar zum Interview**
Jana, Lea, Matthias haben überlegt, ob sie schon mit ähnlichen Jugendlichen zu tun hatten wie mit der 14jährigen »Sandra«, wie man wohl so wird wie dieses Mädchen. Sie vermuten: wenn man keine »richtigen« Eltern und keine wirklichen Freunde hat, wenig Anerkennung und Selbstbestätigung

findet, sich selbst überlassen ist ... Und: Wofür der Haß auf die Fremden und das Fremde »gebraucht« wird. Und sie haben ihr Entsetzen über die kalte Brutalität ausgedrückt, zu der »Sandra« fähig ist. Sie selbst, die Kommentatoren, sind Kinder aus Häusern der – oberen – Mittelschicht.

Der *Posaunenchor* spielt.

**Spielszene**
Eine ausgedachte, aber realistische Spielzsene:
Eine Gang greift an (Tobias – Alexander – Matthias – Julia – Friederike – Jula – Jana – Marco – Christian – Stefanie – Sebastian – Carsten)

*Rowdies:* Tobias, Matthias, Alexander, Julia, Fritz (R 1 – R 5)
*Typ:* Jula
*Ehepaar:* Marco, Jana
*Mann, Passanten*

*Ein Typ kommt vorbei, die Gruppe fängt an miteinander zu flüstern. Ist der Typ auf ihrer Höhe:*

*R 1:* Ey, geile Jacke!
*(nimmt einen Zipfel der Jacke in die Hand)*
*Typ:* *(inzwischen umzingelt)* Ey Mann, laß los!
*(versucht sich loszureißen)*
*R 1:* Willste schon gehn, wa?!
*(Hält weiter fest)*
*R 2:* *(im Hintergrund)* Er hat Schiß!
*Typ:* Ich hab' gesagt, laß los!
*(kann sich losreißen, wird jedoch gleich am Arm gepackt und zurückgezerrt)*
*R 1:* Hat wohl ein Vermögen gekostet, wa?
*(hält die Jacke hoch)*
*Typ:* Das geht Dich gar nichts an!
*(wendet sich zum Gehen ab, wird aber festgehalten und in den »Polizeigriff« genommen)*
*R 1:* Rück mal rüber das teure Stück: Los Mann!!
*Typ:* Du hast sie ja nicht mehr alle, ich bin doch nicht blöd!
*(R 1 holt ein Messer raus)*
*R 1:* *(hämisch)* Ach nein?
*(hält Typ das Messer an die Kehle)*
*(Älteres) Paar kommt, Mann will eingreifen ...*
*R 2:* Schwirr ab, Opi
*(tritt auf Mann zu)*
*Frau:* Komm Otto, das ist zu gefährlich, bei der heutigen Jugend weiß man nie so genau
*(Frau zieht Mann mit sich)*

*R1:* Also ich sag's nicht nochmal, rück die Jacke rüber, oder ich hole mir sie selber …
*(Ein Mann geht kopfschüttelnd vorüber.)*
*Typ:* *(leise)* Is' ja gut, Mann!
*R1:* *(hält Typ sein Ohr hin)* Wie bitte, ich kann dich nicht verstehen!!
*Typ:* Ihr Schweine, das werdet ihr noch bereuen.
*(fängt an, seine Jacke auszuziehen)*
*R1:* So isses brav, geht doch ganz leicht, wa?
Da brauchen wir das Messerchen auch gar nicht
*(steckt Messer ein)*
*Typ:* *(ruft im Gehen)* Arschlöcher, das werdet Ihr büßen, ich rufe die Polizei!
*(verflüchtigt sich schnell)*

**Überlegungen zum Thema Brutalität in den Städten**

Es ist schwer, einen *Gottesdienst* zu diesem Thema zu machen. Das hat auch Tobias (der Anführer jener Gang, die Jula gerade ihre feine Jacke abgenommen hat) gespürt, als er vor zehn Tagen sagte: »Das wird doch eher eine Öffentlichkeitsveranstaltung als ein Gottesdienst.« Gibt es Themen, die sich für einen Gottesdienst nicht »eignen«? Oder, anders gefragt: Haben Gottesdienste grundsätzlich eine gewisse Weltferne, die dafür sorgt, daß allzu beunruhigende Zeiterscheinungen ausgeklammert bleiben?

Für Herrn Voigt, an dem man in dieser Gemeinde kaum vorbeikommt, ist das eine klare Sache. Doch, sagt er, »Jugendbanden und Brutalität«, das ist ein Thema für einen christlichen Gottesdienst. Und das gerade an diesem Sonntag. Denn heute soll in allen evangelischen Kirchen über die Gleichnisse vom verlorenen Schaf und vom verlorenen Groschen gepredigt werden, die wir vorhin gehört haben. Wer ist denn das verlorene Schaf, wofür steht der verlorene Groschen; wer also sind die mit diesen beiden Gleichnissen von Jesus gemeinten »Zöllner und Sünder«? Das sind, sagt Herr Voigt, jene Jugendlichen, die sich in Banden zusammenschließen, Gewalt ausüben, Geld rauben, Menschen zusammenschlagen und in U- und S-Bahnen randalieren. Wenn wir dem zustimmen (und ich bin überzeugt, daß diese Deutung vollkommen richtig ist), dann wissen wir auch, daß das Thema »Gewalt in den Städten« durchaus ein Gottesdienst-Thema ist.

Aber das ändert noch nichts an unserer Ratlosigkeit. Das Thema macht Angst. Angst löst die Vorstellung aus, eines unserer Kinder oder Enkel oder wir selbst könnten Opfer einer Jugendbande werden, für die das Verprügeln von Leuten, die ihnen nichts getan haben, »erlebnisorientierte Freizeitgestaltung« ist … und wenn man sich dann noch klar macht, daß die anderen, die in demselben S-Bahn-Abteil reisen, wahrscheinlich nur teilnahmslos zusehen, dann kann es einen schon grausen. Die Angst wird nicht kleiner, wenn man weiß, daß es in den Städten viele Jugendbanden gibt, die sich stark voneinander unterscheiden und sich auch gegeneitig bekriegen:

nicht nur Skins gegen Punks, nicht nur Hooligans gegen Türken, sondern auch: Naziskins gegen Redskins, also Faschisten gegen Kommunisten. Es ist wirklich verwirrgend: »Sandra S.«, die schon mal einer Polin die Nase einschlägt, weiß eigentlich gar nicht, warum sie »Deutschland erwache« brüllt, und Alexander, 21jähriges Mitglied der Berliner *Olsenbande*, war zuerst jahrelang Ministrant in einer katholischen Kirche, bevor er sich einer antifaschistischen Gruppe anschloß, in der er sich aber wegen Verstoßes gegen die klare ideologische Linie unbeliebt machte, woraufhin er zu einer Skingruppe überwechselte, die den Republikanern nahesteht. An einer »irgendwie linken« Einstellung, sagt Alexander, hält er dennoch fest: So demonstriert er beim Einzug der Republikaner ins Berliner Abgeordnetenhaus vor dem Rathaus Schöneberg, während andere aus »seiner« *Olsenbande* den »Sieg« feiern. – Es ist schwer, sich ein Bild zu machen, und wahrscheinlich gelingt das überhaupt nur den wenigen, die mit »der Szene« vertraut sind – als Streetworker-Sozialpädagogen oder als Journalisten, die nicht nur eingeflogen kommen, wenn eine Straßenschlacht tobt, sondern die Jugendszenerie seit Jahren genau von innen kennen.

Aber man muß sich schon ein wenig kundig machen in dieser Sache, denke ich, der ich vor vier Wochen noch ziemlich ahnungslos war. Dann wird einem deutlich, daß die Opfer nicht nur jene sind, die auf Schulhöfen und in U-Bahnen zusammengeschlagen werden, sondern auch die Jugendlichen und jungen Erwachsenen, die sich mit Fahrradketten und Wurfsternen, CS-Gas und Pistolen bewaffnen. Was »Sandra S.« betrifft, so haben Jana, Lea und Matthias schon erklärt, was ihr fehlt: Sie weiß nicht, wer sie ist und wohin sie gehört, und in ihrer Skin-Gang findet sie Geborgenheit (so seltsam das auch klingt), Schutz und so etwas wie ein Gefühl für sich selbst. Die 18jährige Ayse ist eher noch schlechter dran als Sandra. Ayse ist vor 17 Jahren aus einem kleinen türkischen Dorf nach Berlin gekommen und in Kreuzberg aufgewachsen. Als sie 13 war, sollte sie mit dem Jungen verlobt werden, dem ihre Eltern die Tochter kurz nach ihrer Geburt versprochen hatten. Dagegen hatte sie sich mit Klauen und Zähnen gewehrt. Zwei Jahre später half es ihr nichts mehr, und als sie 17 war, fand die Hochzeit in der Türkei statt. Nach vier Monaten Zwangsehe, die Ayse als Folter erlebte, ist sie nach Berlin zurückgekehrt. Sollte ihr Mann je dort auftauchen, wird sie endgültig von zuhause abhauen, wo sie pünktlich um 17 Uhr eintreffen muß – kommt sie später, wird sie von ihrem Vater verprügelt.

Ayse ist der Boß der Mädchengang *Ghetto Sisters*. Die haben sich vorgenommen, sich nichts gefallen zu lassen – weder als Mädchen noch als Ausländerinnen.

Wie kommt man dazu, sich einer solchen Jugendbande anzuschließen? Es gibt hundert Gründe; einige will ich andeuten. Bei den Türken ist es oft der Haß auf die Väter, die es hinnehmen, daß sie in der bundesdeutschen Gesellschaft nur untergeordnete Rollen spielen dürfen. Die Söhne nehmen es ihnen übel, daß sie »den Arsch nicht hochkriegen«. Sie selbst, die Jungen, wollen ihren Anteil an Wohlstand und Einfluß erkämpfen. Dazu gehört das Flachlegen türkischer Teehäuser genauso wie der Krieg gegen alle, die »Türken-raus!«-Aufnäher tragen. – Für die deutschen Jugendlichen in Berlin-Kreuzberg gibt es wieder ganz andere Gründe, sich zu Gangs zusammenzuschließen. Sie fühlen sich der Übermacht der gleichaltrigen Türken in ihrem Bezirk nicht mehr gewachsen, wenn sie sich nicht organisieren. Ihre Anpassungsfähigkeit ist jahrelang strapaziert worden. Ein Berliner Sozialarbeiter:

*»Wir haben die deutschen Jugendlichen häufig mit einer Art positivem Rassismus überfordert. Einseitig haben wir von ihnen Verständnis für die kulturellen Eigenarten und Besonderheiten ihrer türkischen Nachbarn eingefordert, ohne dieselben Forderungen auch an die andere Adresse zu richten.«*

Vielleicht sind es gerade solche überforderten Jugendlichen, die Hakenkreuze an Häuserwände schmieren, und vielleicht ist das dann eher ein verklausulierter Hilferuf als Ausdruck der Sehnsucht nach einem zweiten Hitler.

Ein anderes Motiv, sich einer Jugendband anzuschließen, ist das Erlebnis der eigenen Bedeutungslosigkeit. Wenn Georg mit 15 Jahren endlich seinen Hauptschulabschluß geschafft, dann aber keine Lehrstelle gefunden hat, wenn niemand ihn braucht und er auch zuhause das Gefühl hat, eigentlich nur zu stören, dann ist er vielleicht eines Tages soweit, sich mit Klaus, Rainer und Hartmut zusammenzutun und auf Raubzüge zu gehen. »Rückführung von deutschem Volkseigentum« werden sie es nennen, wenn sie Vietnamesen überfallen und ihnen ihr Geld abnehmen. Sie kennen ihre Feinde, und das macht sie stark: Ausländer, Autonome, Hausbesetzer und Schwule sind für sie »Abschaum«.

Fast immer setzen sich die Gangs zusammen aus solchen Jugendlichen, für die sich niemand interessiert, deren Eltern »unsichtbar« sind, die nicht gern nach Hause kommen, weil sie dort selten Gutes erwartet. »Wir müssen für die Kinder wieder viel mehr investieren«, sagt ein Frankfurter Jugendrichter, »aber nicht nur Geld für Kindertagesstätten und Freizeiteinrichtungen, sondern vor allem: Zeit.« So ist es wohl: Der »Krieg in den Städten« ist die Folge einer – für uns – schwer vorstellbaren, schwindelerregenden Vernachlässigung eines großen Teiles der »jungen Generation« durch ihre Mütter und Väter und durch die Gesellschaft der heute Erwachsenen, die buchstäblich »nichts übrig« haben für jene, die nach ihnen kommen.

Was kann man tun? Zunächst: Hinsehen. Nicht so tun, als gäbe es das Problem nicht. Es auch nicht wegwischen mit der Bemerkung, schließlich habe es immer Ähnliches gegeben: die Halbstarken der 50er Jahre, die Studentenunruhen Ende der 60er. Hinsehen auch in dem Sinn, daß man die von Jugendbanden Überfallenen nicht sich selbst und ihrem Schicksal überläßt, wie es der Priester und der Tempeldiener im biblischen Gleichnis tun: »Als er ihn sah, ging er vorüber.« Manche wären nicht mit gebrochenen Rippen davongekommen, wenn nicht ein zufällig Vorüberkommender laut um Hilfe gerufen oder sich den Schlägern mutig in den Weg gestellt hätte.

Was kann man tun? Den Hilferuf hören, der sich als Brutalität tarnt. Verstehen, wie es dazu kommt. Nicht bei den »99 Gerechten« bleiben, bei denen »alles in Ordnung« scheint, sondern: dem einen »verlorenen Schaf« nachgehen, bis man es findet. Das wäre genau, was Jesus getan hat, den »Zöllnern und Sündern« gegenüber. Schwer zu sagen, wie das konkret aussehen könnte. Für die meisten von uns wahrscheinlich nicht so, wie es die Streetworker machen, die sich mitten in die Front zwischen einander bekämpfenden Jugendbanden begeben. Eine Umkehr im Denken wäre schon viel: nicht mehr so angestrengt das »Normale« im Blick zu haben und anzustreben, sondern wahrnehmen, wo überall das Leben nicht gelingt, wo Menschen auf der Strecke bleiben, »verloren gehen«, mit sich und der Welt nicht zurechtkommen. – Ich will das Problem nicht mit rhetorischen Mitteln zu lösen versuchen. Es bleibt ein Angst-Thema, worauf wir uns hier für eine Stunde einlassen. Nur ein Gedanke noch zum Schluß: Offenbar ist die Wirklichkeit, für die wir Erwachsenen heute stehen und die wir repräsentieren, für nicht wenige unserer Kinder eine beängstigende Wirklichkeit, die sie fürchten und hassen und auf die sie mit Zerstörungswut reagieren. Vielleicht haben sie nicht in jeder Hinsicht unrecht.

*Lied:* Jeder knüpft am eigenen Netz

2. Jeder fängt ins eigne Netz, versucht, einzufangen, was zu fangen ist. Wer denkt da an Frieden, wer denkt an Schalom?
Wir knüpfen ...

3. Einer hängt im fremden Netz, versucht, noch zu retten, was zu retten ist. Er denkt an den Frieden, er denkt an Schalom.
Wir knüpfen ...

4. Wir zappeln im alten Netz, versuchen, zu tragen, was zu tragen ist. Wir suchen den Frieden, wir suchen Schalom.
Wir knüpfen ...

5. Wir knüpfen ein neues Netz, verbinden, was für Frieden ist. Wir bringen den Frieden, wir bringen Schalom.
Wir knüpfen ...

(Text: H.-J. Netz, Melodie: P. Janssens, aus: »Ich suche einen Sinn heraus«, 1975. 

*Gebet*
*(Lea)*
Hilf mir, Gott,
daß ich mich nicht für klüger halte als die Türken,
für besser als die Zigeuner,
für schöner als die Schwarzen,
und daß ich mir nichts darauf einbilde,
sauberer zu sein als alle die Kinder auf der Welt,
die selten Wasser haben, sich zu waschen.
Hilf mir, Gott,
daß ich nicht glaube, die Welt gehöre mir. Amen.

**Abendmahl**

Vorbemerkungen

Brot und Wein zu teilen, ist manchmal nicht mehr als eine hilflose Geste, die auf etwas deutet, was wir nicht herstellen können: So können wir es jetzt hier tun, aber jene Menschen, mit denen wir uns in diesem Gottesdienst beschäftigt haben, können wir nun gerade nicht mit einbeziehen. So ist dieses Abendmahl nicht mehr als ein Zeichen: Zeichen für die gewünschte und erhoffte Beziehung zwischen Menschen, die sich fremd und feind sind.

*Lied:* Das sollt ihr, Jesu Jünger, nie vergessen (EKG 159)

*Einsetzungsworte*

*»Christe, du Lamm Gottes«*

*Gebet über Brot und Wein*
Gott, in Brot und Wein fassen wir die Fragen zusammen,
auf die wir keine Antwort wissen:
unseren Hunger und Durst nach Frieden und Liebe,
unsere Angst vor Unrecht und Haß,
die ganze Menschheitsgeschichte von Schmerz und Freude.
Laß den Geist Jesu Christi unter uns wach sein,
daß wir einander Leben und Frieden und Freundlichkeit geben
und unser Brot brechen und teilen
nach dem Beispiel Jesu Christi
heute und alle Tage bis in Ewigkeit.

(nach: Peter Cornehl, Hg.: Gebete unserer Zeit, Gütersloh 1974², S. 139)

*Vaterunser*

*Einladung an alle*

Nach dem Abendmahl spielt der *Posaunenchor*

*Abschluß und Segen*

*Nachspiel:* Der Posaunenchor

## Thema: Sucht

Gottesdienst zur Vorstellung
eines Konfirmandenjahrgangs *Hildegard Heimbrock-Stratmann*

*Orgelvorspiel*

*Begrüßung* (Presbyter)

*Lied:* Wir haben Gottes Spuren festgestellt

*Einführung und Eingangswort* (Pfarrerin)
Liebe Mädchen und Jungen, liebe Eltern, liebe Gemeinde! Auch ich möchte Sie herzlich zu unserem Vorstellungsgottesdienst der Konfirmanden und Konfirmandinnen des Jahrgangs '91 begrüßen. Wir haben diesen Gottesdienst in einer Arbeitsgruppe gemeinsam vorbereitet. Unser Thema

heute ist »Sucht«. Ich kann mich nicht erinnern, daß wir in unserer Gemeinde schon einmal zu diesem Thema einen Gottesdienst gehalten haben – aber daß die Jugendlichen es vorgeschlagen haben, ist Grund genug, es einmal zu tun. Ich kann mir gut vorstellen, daß es für manche unter uns Erwachsenen nicht immer angenehm ist, was heute zur Sprache kommt. Aber gerade, wenn das der Fall ist, ist eine Auseinandersetzung mit dem Problem um so wichtiger. So wünsche ich uns offene Ohren für das, was unsere Kinder erarbeitet haben.
Wir sind zu diesem Gottesdienst zusammengekommen im Namen des Vaters und des Sohnes und des heiligen Geistes. Amen. Unsere Hilfe und unser Anfang stehen im Namen des Herrn, der Himmel und Erde gemacht hat, der Treue hält ewig und niemals aufgibt das Werk seiner Hände. Jesus Christus spricht: »Ich bin der Weg und die Wahrheit und das Leben. Niemand kommt zum Vater denn durch mich.«

*Chor:* Adoramus te, Domine (aus Taizé)

*Gebet* (Konfirmandin)
Gott, viele unter uns haben Probleme. Sie kommen in der Schule nicht klar, zu Hause gibt es dauernd Zoff. Sie versagen am Arbeitsplatz, sind dem Dauerstreß nicht gewachsen. Sie kehren die Konflikte in ihrer Ehe unter den Teppich, anstatt ein offenes Gespräch zu führen. Gott, viele unter uns haben Probleme. Manche helfen sich, indem sie nach der Flasche greifen, sich Beruhigungsmittel verschreiben lassen oder eine Zigarette nach der anderen rauchen. Irgendwann sind sie dann in den Klauen der Sucht gefangen. Gott, mach uns wachsam und kritisch. Laß uns unsere Lage erkennen, bevor es zu spät ist. Amen.

*Lied:* Herr, erbarme dich (Melodie: P. Janssens)

*Lesung:* Die Heilung eines Alkoholikers (Konfirmand)
Jesus stieg in das Boot, fuhr über den See und kam in seine Stadt. Da brachte man einen Alkoholsüchtigen zu ihm. Als Jesus ihren Glauben sah, sagte er zu dem Alkoholiker: »Hab' Vertrauen, mein Sohn, deine Sünden sind dir vergeben!« Da dachten einige Ärzte: Der ist doch verrückt! Jesus wußte, was sie dachten, und sagte: »Warum seid ihr neidisch auf meine Künste? Was ist leichter, zu sagen: Deine Sünden sind dir vergeben! oder zu sagen: Du kannst keinen Alkohol mehr sehen? Ihr sollt aber erkennen, daß der Menschensohn die Vollmacht hat, hier auf der Erde Sünden zu vergeben.« Darauf sagte er zu dem Trinker: »Geh' nach Hause und vernichte alle Bier- und Weinflaschen!« Und der Geheilte tat wie es ihm gesagt wurde. Als die Leute das sahen, erschraken sie und priesen Gott, der den Menschen solche Vollmacht gegeben hat. (nach Matthäus 9,1–8)

*Chor:* Adoramus te, domine (aus Taizé)

**Spielszene 1**

(Vier Konfirmandinnen und Konfirmanden)

*Michael, Tom, Bianca und Kim treffen sich vor der Disco. Bianca und Kim waren gerade auf dem Weg nach Hause.*

*Tom:* Hallo, ihr beiden! Ziemlich kalt heute, was?

*Bianca:* Ja, ja.

*Tom:* Wollt ihr auch 'ne Kippe? Die wärmt!

*Kim:* Was, ihr raucht?

*Bianca:* Warum macht ihr denn so was? Hat ihr keine Angst um eure Gesundheit?

*Michael:* Ach was, von den paar Zigaretten am Tag geht die Welt doch nicht unter!

*Tom:* Versucht doch auch mal! Habt keinen Bammel! Oder wollt ihr vielleicht lieber einen Schluck aus der Pulle?

**Information zum Thema »Alkohol«**

(Konfirmandin, Konfirmand)

Unter 0,5 ‰:

Die Fähigkeit zur Raumschätzung nimmt ab. Die Unfallgefahr erhöht sich um das fünffache.

0,5 ‰ bis 0,8 ‰:

Zusätzliche Abnahme der Anpassungsfähigkeit der Augen an wechselnde Lichtverhältnisse, Minderung der Konzentrationsfähigkeit. Die Empfindlichkeit der Augen für rotes Licht läßt nach.

0,8 ‰ bis 1,2 ‰:

Zusätzlich Beginn der Euphorie und Enthemmung mit Überschätzung der eigenen Fähigkeiten.

1,2 ‰ bis 2,4 ‰:

Beginn der absoluten Fahruntüchtigkeit. Weitere starke Abnahme des Raumvermögens und der Anpassungsfähigkeit der Augen an wechselndes Licht. Erhebliche Minderung von Aufmerksamkeit und Konzentrationsfähigkeit. Stark verzögerte Reaktionsabläufe. Leichte bis schwere Gleichgewichtsstörungen. Bei körperlichem Unwohlsein, Medikamenteneinnahme oder unter starkem Streß verstärken sich die Symptome.

2,4 ‰ bis 3 ‰:

Ausgeprägte Gleichgewichts- und Koordinierungsstörungen. Schwere gestörte und verzögerte Reaktionsabläufe. Geminderte Erinnerungsfähigkeit. Bewußtseinstrübung bis zur Bewußtlosigkeit.

Über 3 ‰:

Schwere akute Alkoholvergiftung mit möglichen bleibenden Schäden. Tiefe, eventuell tödlich verlaufende Bewußtlosigkeit.

**Spielszene 2**

(Drei Konfirmandinnen und Konfirmanden)

*Vater:* Hier stinkt es aber!
*Markus:* Findest du?
*Vater:* Du hast wohl geraucht?
*Markus:* Nö – wie kommst du denn darauf?
*Vater:* Sag bloß, das geht jetzt los in eurem Alter ...
*Markus:* Ich hab nicht geraucht!!
*Vater:* Nun tu doch nicht so scheinheilig!
*Mutter:* Was ist denn hier los?
*Vater:* Der Junge hat geraucht! Was sagst du dazu?
*Mutter:* Wie kommst du denn bloß an so etwas, Markus!
*Vater:* Da sind sie ja!
*Markus:* Ich hab sie mir von meinem Taschengeld gekauft.
*Vater:* Du spinnst wohl! Denkst du denn gar nicht an deine Gesundheit!
*Markus:* Aber ihr raucht doch auch!
*Vater:* Das ist doch etwas ganz anderes. Wir sind ja schon älter ...

**Information zum Thema »Rauchen«**

(Konfirmand)

Das Risiko:

Rauchen verkürzt die Lebensdauer um etwa 8 Jahre. Zigaretten beeinflussen den Blutdruck, die Herztätigkeit, den Sauerstoffverbrauch und andere Organfunktionen. Sie sind ein entscheidender Risikofaktor für Herzkranke. Besonders groß ist die Gefahr, wenn Übergewicht, hoher Blutdruck, Diabetes und starker Streß hinzukommen. Gefäßverkalkung wird gefördert, und oft treten Durchblutungsstörungen in den Beinen auf, die zum »Raucherbein« führen. Des weiteren leiden Raucher häufiger an Magen- und Darmgeschwüren als Nichtraucher.

**Spielszene 3**

(Konfirmandin, Konfirmand)

*Mutter:* Sag mal, du schläfst ja immer noch nicht! Es ist schon gleich elf Uhr!
*Junge:* Ich kann einfach nicht einschlafen.
*Mutter:* Was ist denn los mit dir? Zuviel Cola getrunken?
*Junge:* Nein – Fernsehen.
*Mutter:* Soll ich dir vielleicht etwas zu trinken bringen?
*Junge:* Das nützt doch nichts.
*Mutter:* Schreibt ihr vielleicht morgen eine Arbeit?
*Junge:* Mmmmmmm.
*Mutter:* Was denn?
*Junge:* Mathe.
*Mutter:* Aber du bist doch ganz gut in Mathe.
*Junge:* Aber ich kann trotzdem nicht einschlafen.

*Mutter:* Du wirst das schon schaffen.

*Junge:* Ich hab's auch schon mit Schäfchenzählen probiert. Aber es klappt einfach nicht.

*Mutter:* Weißt du was – ich hol dir jetzt eine von meinen Beruhigungstabletten. Dann schläfst du prima und morgen sieht die Welt schon wieder anders aus!

**Information zum Thema »Beruhigungsmittel«** (Konfirmand)
Die unmittelbare Wirkung von Beruhigungsmitteln ist dämpfend, angstlösend und schlaffördernd. Langfristig bewirken sie seelische und körperliche Abhängigkeit sowie chronische Vergiftung. Das Reaktions- und Konzentrationsvermögen läßt nach. Je nach Zusammensetzung des Mittels können Leberschäden entstehen. Das Blutbild verändert sich. Es kommt zu Kreislaufstörungen. Die gesamte Persönlichkeit wird beeinträchtigt. Depressionen und Wahnvorstellungen sind mögich.

*Lied:* Mein Gott, das muß anders werden ...

**Ansprache** (Pfarrerin)
Liebe Mädchen und Jungen, liebe Eltern, liebe Gemeinde!
Ein wirklich heißes Thema haben sich unsere Konfirmandinnen und Konfirmanden für ihren Vorstellungsgottesdienst ausgesucht – und ich könnte mir denken, daß es uns Eltern hier und da bei den Szenen und Informationen, die wir eben gehört haben, auch etwas heiß geworden ist. Sucht – davon sind wir fast alle in irgendeiner Form betroffen. Und dabei geht es ja noch um viel mehr als ums Rauchen und Trinken und Drogen – da geht es um die Sucht, die Fernbedienung des Fernsehers nicht loslassen zu können und ständig das Knöpfchen zu drücken, da geht es um die Süßigkeiten, um Freßsucht und Magersucht, da geht es auch um die Workoholics, die Arbeitssüchtigen. Betroffen sind wir – direkt oder indirekt – fast ausnahmslos. Diejenigen in unserer Gemeinde, die schon einmal an einer Aktion »Sieben Wochen ohne« teilgenommen und sich Verzicht auf etwas, was sie abhängig macht, auferlegt haben, wissen davon ein Lied zu singen. Betroffen sind wir fast alle – und so werden wir gerade bei diesem Thema, gerade auch bei den Szenen, die wir eben gesehen haben, konfrontiert – mit dem schlechten Vorbild, das wir als Eltern und Erziehende unseren Kindern bieten, mit unserem unüberlegten Umgang mit Suchtmitteln und mit der Leichtfertigkeit und Naivität, mit der Jugendliche in die Sucht hineinschlittern. Wer heimlich auf dem Schulhof raucht, der stellt ja schon etwas dar, und warum auch nicht, wenn doch der Lateinlehrer auch raucht wie ein Schlot! Das Trinken von Alkohol gehört mittlerweile zu den Kriterien für Erwachsensein, und nachgewiesenermaßen hat so manche Alkoholikerkarriere bei der Feier der Konfirmation begonnen, wo nach dem Motto:

»Jetzt bist du ein Mann« ein 14jähriger den 1. Vollrausch seines Lebens hatte – den ersten von vielen. Medikamente – Psychopharmaka, die beruhigen oder anregen – werden auch schon Kindern verschrieben, sei es, um einen Zappelphilipp ruhig zu stellen, einen nervösen Schüler zu beruhigen oder einen leistungsunwilligen aufzuputschen. Sucht – überall begegnet uns dieses Problem, und zwar mitten in unseren »ganz normalen« Familien in unserer »ganz normalen« Gemeinde – und nicht nur auf dem Bahnhofsklo der Großstädte. Das ist die Tatsache – eine Tatsache, die unseren Kindern offensichtlich unter den Nägeln brennt.
Was macht unsere Gesellschaft, was macht uns alle so krank, daß wir süchtig werden? Und was kann uns heilen, uns und unsere Kinder? Der katholische Priester Wilhelm Wilms faßt meditativ in Worte, was unsere Krankheit heilen könnte:

Wußten sie schon,
daß die nähe eines menschen
gesund machen krank machen
tot und lebendig machen kann
wußten sie schon
daß die nähe eines menschen
gut machen böse machen
traurig und frohmachen kann
wußten sie schon
daß das wegbleiben eines menschen
sterben lassen kann
daß das kommen eines menschen
wieder leben läßt
wußten sie schon
daß die stimme eines menschen
einen anderen menschen wieder aufhorchen läßt
der für alle taub war
wußten sie schon daß das wort
oder das tun eines menschen
wieder sehend machen kann
einen
der für alles blind war
der nichts mehr sah
der keinen sinn mehr sah in dieser welt
und in seinem leben
wußten sie schon
daß das anhören eines menschen
wunder wirkt
daß das wohlwollen zinsen trägt
daß ein vorschuß an vertrauen

hundertfach auf uns zurückkommt
wußten sie schon
daß tun mehr ist als reden
wußten sie das alles schon

(Aus: Wilhelms Wilms, Der geerdete Himmel. Wiederbelebungsversuche, Verlag Butzon & Bercker, Kevelaer [7]1986, S. 5.)

Wußten Sie das alles schon? Ich fürchte, wir wissen es oft nicht oder wollen es doch nicht wahrhaben. Wir nehmen zu wenig Anteil aneinander. Eltern wissen oft nichts von dem, was ihre heranwachsenden Kinder bewegt und bedrückt. Sie sind nicht im Gespräch mit ihren Kindern. Im KU kommt das immer wieder ganz deutlich heraus. Jugendliche wiederum geben ihren Eltern oft auch wenig Chancen, an ihrem Leben teizunehmen. Man lebt aneinander vorbei. Die Problemfamilie ist zur Normalfamilie geworden – fast die Hälfte unserer KonfirmandInnen leben nur noch mit einem Elternteil zusammen. Da sind Wunden, die nicht heilen können, weil man auch nicht offen darüber spricht und sich so gegenseitig keine Chance gibt. Nähe, Wärme, das Wort eines anderen Menschen kann gesund machen, kann Mut geben und Freude schenken. Wo ist in unseren Familien Zeit und Raum für solche Nähe, für solche Wärme?
Für mich ist es kein Zufall, daß zum ersten Mal in der Geschichte unserer Gemeinde das Thema Sucht gewählt wurde – kein Zufall, sondern ein Alarmsignal. Ich wünsche uns allen die Offenheit und den Mut, dieses Signal zu hören und darauf zu reagieren.

*Lied:* Liebe ist nicht nur ein Wort (Chor)

*Abkündigungen*

*Lied:* Ein junger Mann aus Nazareth ...

*Fürbitten*
(Konfirmand, Konfirmandin)
Gott, wir bitten dich für alle Menschen, die mit ihrem Leben nicht mehr fertig werden. Gib ihnen einen Menschen, der ihnen beisteht und zu ihnen hält.
Wir bitten dich für alle, die ihre Flucht in die Sucht nehmen. Gib, daß sie Hilfe finden, bevor es zu spät ist.
Wir bitten dich für alle Erwachsenen, die den ihnen anvertrauten Kindern ein schlechtes Vorbild sind. Gib ihnen den Mut zur Selbstkritik und die Kraft, anders zu leben.
Wir bitten dich für alle Familien, die leiden, weil Vater oder Mutter trinken und dann nicht mehr wissen, was sie tun. Hilfe ist möglich. Laß sie sie finden.
Wir bitten dich für alle Menschen, die zu früh sterben müssen, weil sie zu viel geraucht, getrunken oder gefixt haben. Wir bitten dich für ihre Angehörigen, die hilflos, traurig und schuldbewußt sind. Erbarm du dich ihrer.

Gott, wenn wir zusammenstehen und füreinander da sind, wenn wir wirklich als deine Gemeinde leben, dann dürfte all das nicht passieren, was tagtäglich in den Zeitungen steht und auch mitten unter uns geschieht. Gib uns offene Augen und ein mutiges Herz, damit niemand von uns verloren geht. Amen.

*Vaterunser*

*Lied:* O, Herr, mach mich zu einem Werkzeug deines Friedens (Chor)

*Segen*

*Orgelnachspiel*
(Im Chor sangen sechs Konfirmandinnen mit)

## Pop und Gott

Geistliche Abendmusik
Zusammenstellung: eine Konfirmandengruppe *Dirk Keller*

*Einleitung*
Pfarrer:
Welche Musik verbinden Sie denn mit Gott, Glaube und Kirche?
Vor kurzem wäre mir selbst zuerst die Johannespassion von Bach oder Händels »Messias« eingefallen.
Das klingt dann so:

*– 30 sec Hörprobe aus Händels »Messias« –*

Gott und klassische Musik – das gehört bis heute unweigerlich zusammen. Aber, diese Musik ist mittlerweile dreihundert Jahre alt! Es ist nicht die Musik, die Jugendliche in ihrem Walkman hören, zu der sie in der Discothek tanzen.
Musik, die man heute so hört im Radio, klingt etwa so:

*– 30 sec Hörprobe »Hymn« von Barclay James Harvest –*

Zugegeben, solche Töne hat unsere Kirche noch nie gehört. Und sie steht immerhin schon 150 Jahre. Es ist nicht die Musik, die unser Organist am Sonntag von der Empore spielt. Und dennoch, Händels »Messias« und die »Hymn« von Barclay James Harvest sind sich gar nicht so fremd. Sie klingen anders, aber wollen dasselbe. Sie erzählen beide die Geschichte des Jesus von Nazareth.
In diesem Gottesdienst stellen wir Popmusik vor, die ähnliche religiöse Themen aufnimmt und in ihre Musik übersetzt. Die Konfirmanden stellen die Texte vor, wo nötig, ins Deutsche übersetzt, und nehmen einen Gedanken aus dem Text als Botschaft für sich selbst auf.

1. »Hymn« (Barclay James Harvest)
Jetzt also noch einmal die bereits vorgestellte »Hymn« von Barclay James Harvest.
Zunächst die deutsche Textübersetzung:
Die Täler sind tief und die Berge unendlich hoch. Wenn Du Gott begegnen willst, mußt Du auf die andere Seite überwechseln.
Du stehst dort oben, mit Deinem Kopf in den Wolken, versuch nicht zu fliegen, Du weißt, Du könntest nicht wieder herunterkommen.
Versuch nicht zu fliegen mein Gott, Du könntest nicht wieder herunterkommen.
Jesus kam vom Himmel auf die Erde nieder,
die Leute sagten, daß es eine Jungfrauengeburt war.
Er erzählte großartige Geschichten über den Vater,
er sagte, er sei der Retter von uns allen.
Dafür töteten wir ihn und nagelten ihn ans Kreuz.
Er aber stand wieder auf, als wolle er fragen: Warum?
Er wird in den Himmel aufsteigen, um zu sagen:
in Gott allein wirst Du schweben,
als wolle er sagen: in Gott allein fliegen wir.

*– Musik: »Hymn« –*

Die Botschaft:
Barclay James Harvest will mit diesem Lied klarmachen, was Jesus bedeutet. Er macht Mut und sagt:
Gib Dich nicht auf, denn es ist immer jemand für Dich da. Gott ist für Dich da!

2. »When the Children cry« (White Lion)
Jesus hat von Gottes Reich erzählt: die Gewalt hat eine Grenze, den Frieden nämlich, die Macht hat eine Grenze, die Liebe.
Besonders Kindern spricht er dieses Reich zu. Vielleicht, weil sie Freude und Schmerz offen und ungeschminkt ausdrücken.

Die Gruppe »White Lion« hat ein Lied über Kinder und ihr Verhältnis zu Gottes neuer Welt gemacht.
Hier die Musik und dazwischen der Text in Deutsch:

– *Musik »When the children cry«*
*dazwischen Text gesprochen, während Musik zurückgenommen weiterläuft:*

Kleines Kind, trockne Deine verweinten Augen.
Wie kann ich Dir die Angst in Deinem Innern erklären?
Weil Du in dieser unglücklichen Welt geboren bist, in der sich die Menschen gegenseitig töten und doch nicht wissen weshalb.
Was ist aus uns geworden?
Schau, was wir gemacht haben.
Alles, was wir zerstörten, mußt Du wieder errichten.
Wenn die Kinder weinen, dann laß sie wissen, daß wir es versucht haben.
Denn, wenn die Kinder singen,
wird eine neue Welt beginnen.
Kleines Kind, Du mußt uns den Weg zeigen,
damit es bessere Zeiten für junge Menschen gibt.
Denn Du bist geboren, um die Welt zu sehen,
in der wir alle in Liebe und Frieden leben können.
Die politische Herrschaft und alle Kriege werden enden,
für eine vereinigte, zusammengeschlossene Welt unter Gott.
...
Wenn die Kinder weinen, laß sie wissen,
daß wir es versucht haben.
Wenn die Kinder beten, zeige ihnen den Weg.
Denn wenn die Kinder singen, wird eine neue Welt beginnen.

Die Botschaft:
Wir haben dieses Lied gewählt, weil es aussagt, daß die ganze Hoffnung für eine Welt in Frieden auf den Kindern liegt. Nur wenn die heutige Jugend sich zusammenschließt und eine friedliche Welt gründet, versinkt die Welt nicht unter den Kriegen und dem Bösen.
Dies kann aber nur geschehen, wenn die Erwachsenen und Älteren mit gutem Beispiel vorangehen und nicht die Kinder mit schlechtem Beispiel heranziehen.
Denn mit der neuen Generation ruht die Hoffnung auf uns, auf uns, der Jugend.

3. Spiritual »John Brown's Body«
Zwischen Händel und »White Lion« ist natürlich nicht einfach ein großes schwarzes Loch in der religiösen Musik. Besonders in Nordamerika kam

über die schwarzen Sklaven ein anderes Temperament in die kirchliche Musik.
Von der Hoffnung auf ein Leben nach dem Tod erzählt das auch bei uns zum Teil bekannte Lied »John Browns' body«. Es ist im Krieg zwischen den Nord- und Südstaaten der USA entstanden.

*– Gemeinde singt »John Brown's body« –*

4. »Knocking on heaven's door« (Guns and Roses)
Religiöse Lieder, vor allem Lieder über Tod und das Leben danach kommen auf, wo Krieg den Frieden raubt.
Vor allem in den 60er Jahren unseres Jahrhunderts hat der Vietnamkrieg die Jugend Amerikas bewegt.
Bob Dylan war einer von ihnen. »How many roads« hat er gesungen und »Knocking on heaven's door« zum Beispiel.
Damals mit seiner akkustischen Gitarre.
Die Gruppe Guns and Roses hat dieses »Knocking on heaven's door« neu aufgelegt.
Und halten Sie sich jetzt gut in Ihrer Kirchenbank fest. Die Musik, die wir jetzt hören, klingt, als ob wir mitten im Vietnamkrieg wären.

– *Musik »Knocking on heaven's door«*
*dazwischen Text gelesen, während Musik zurückgenommen wird:*

Mutter, nimm dieses Abzeichen von mir,
ich kann es jetzt nicht mehr gebrauchen.
Es wird dunkel, zu dunkel, zum Sehen.
Es kommt mir vor, als ob ich an der Himmelstür klopfe.

Die Botschaft:
Das Lied, das wir gewählt haben, beinhaltet den Wunsch eines sterbenden Mannes im Krieg. Er sehnt sich nach Frieden auf der Welt.
Deshalb will er, daß Gott ihn vom Leben auf der Erde erlöst und ihn bei sich aufnimmt.

5. »Tango« (Pur)

Zurück zu Jesus.
Er hat sich vor allem um die gekümmert, die etwas im Leben vermißt haben, um Kranke, Trauernde, Einsame.
»Tango«, das nächste Stück, von der Gruppe Pur, greift dieses Motiv auf und erzählt von einer Frau, die sich alleine am Tisch an ihre Vergangenheit erinnert.

Von was das Lied handelt:
Das Lied handelt von einer alten Dame, die alleine in ihrer Wohnung wohnt. Die Angehörigen kümmern sich nur selten um sie. Deswegen ist sie oft allein. Sie schaut deshalb oft nur fern. Sie kann sich nur noch an alten Fotos und Grußkarten freuen. Häufig schaltet sie den Plattenspieler mit einer alten Tango-Platte an und tanzt dazu. Das läßt sie noch einmal die alten Erinnerungen passieren, als ihr Mann noch lebte, sie aber keine Zeit füreinander hatten.
Warum wir dieses Lied ausgewählt haben:
Das Lied zeigt deutlich die Vernachlässigung der alten, alleinstehenden Leute. Es macht klar, daß es für die alten Leute nur noch schön ist, alte Erinnerungen Revue passieren zu lassen. Wir hoffen, daß in Zukunft die Leute sich mehr um die älteren, alleinstehenden Leute kümmern und mit ihnen etwas unternehmen.

*– Musik »Tango«, dazu Pantomime »Frau am Tisch« –*

6. Lied »He's got the whole world«

Jesus hat denen, die etwas im Leben vermißt haben, zugesagt, daß Gott bei ihnen ist, daß sie nicht aus Gottes Hand fallen.
Eine Hoffnung, die die schwarzen Sklaven in ihren armseligen Hütten in Amerika aufgenommen und in ein Lied umgesetzt haben: »He's got the whole world«.

*– Gemeinde singt »He's got the whole world« –*

7. »This one's for the children«

In Gottes Hand, wir sind Gottes Kinder.
Gottes Kinder aber haben auch einen besonderen Umgang miteinander.
Sie denken dran, was der andere braucht, sehen, was ihm fehlt.
Die Gruppe New kids on the block singt von dieser Liebe untereinander und widmet dieses Lied den Kindern.
»This one's for the children«:
Es gibt einige Menschen in unserer Welt,
die nichts zu essen haben und keinen Ort, wo sie hingehen können.
Aber wir sind alle Gottes Kinder, wir wollen einander lieben. Denk doch, sie könnten an unserer Stelle stehen, wir sind alle Brüder.
Ich will Dir nicht den Tag vermiesen,
aber hilf andern in Not und zeig ihnen, daß es einen besseren Weg gibt.
Dieses Lied ist für die Kinder, die Kinder der Welt.
Gott möge sie auf seinem Thron halten.
Viele Leute sind glücklich, und viele sind traurig.
Viele Leute haben viele Sachen, die sich andere nur wünschen können.

Zeig deshalb den Kindern zuliebe, daß Liebe der einzige Weg ist, weil sie die Zukunft sind und Leute, die es unbedingt wissen müssen.

*– Musik »This one's for the children« –*

Botschaft:
Dieses Lied handelt von verwaisten, kranken und armen Kindern dieser Welt. Die Fünf wollen mit diesem Song erreichen, daß Menschen, die nicht solche Probleme haben, diesen Kindern helfen, egal ob schwarz oder weiß. Sie sollen ihnen auch die guten Seiten des Lebens zeigen. Wir haben dieses Lied ausgewählt, weil wir finden, daß sich Menschen verschiedener Rassen in allen Situationen helfen sollten. Viele reden nur über Frieden, doch sind nicht bereit, Frieden zu bewahren.
Wir sind mämlich alle Gottes Kinder und sollen uns auch gegenseitig so behandeln.
Doch leider gibt es viele, die dies nicht beachten, sondern nur an sich denken.
Doch Gott wird sich seine Kinder selbst auf den »Thron« setzen. Darum sagen auch wir: »Helft solchen Kindern!«

8. *Fürbitten mit gesungenem »Kyrie eleison« / Vaterunser*

9. »Freiheit« (Westernhagen)
Für die Konfirmandengruppe gibt es ein Lied, das ist wie eine Hymne für sie. »Freiheit« von Marius Müller-Westernhagen.
Die Konfirmandinnen und Konfirmanden deuten das Lied so:
Auch heute sitzen viele Menschen im Gefängnis, weil sie offen ihre politische oder religiöse Ansicht preisgegeben haben.
Auch heute leiden viele Menschen darunter, daß ihr Land eingezäunt oder eingemauert ist.
Auch heute haben viele Menschen Angst vor Gegnern und suchen sich vor ihnen zu schützen. Sie verstecken sich vor ihnen oder sperren sie ein, wenn sie die Macht dazu haben.
Auch heute sind Millionen von Menschen gefangen durch die Sucht und Alkohol und Drogen.
Menschen sind gefangen in ihrer Freiheit, in ihrer scheinbaren Freiheit.
Freiheit bedeutet, so zu leben, sich so zu freuen, so glücklich zu sein, wie man selbst es will.

*– Musik »Freiheit« dazu Konfirmandengruppe vorne am Altar und singt dazu –*

Es war ein weiter Bogen, von Händels Messias über »Knocking on heaven's door« bis zu Westernhagens »Freiheit«. Ich habe für mich daraus gelernt, daß Gott nicht nur in Bibel und Gesangbuch lebt, sondern auch in der Musik der Jugend, der Popmusik lebendig ist.

*Segen mit Spiritual*

# Unser Leben sei ein Fest

## Ein Feier-Abend zum Abschluß der Konfirmandenzeit

*Hans-Joachim Curth*

Die Idee

Am Konfirmationstag ziehen sich die Familien in aller Regel mit Freunden und Verwandten sofort nach dem Gottesdienst ins Private zurück. Wünsche einzelner Konfirmandinnen und Konfirmanden, diesen Tag gemeinsam zu feiern, lassen sich meistens nicht realisieren. Wir wollten dennoch Gelegenheit geben, die gemeinsamen Erfahrungen während der Konfirmandenzeit durch einen gemeinsamen und festlichen Rahmen abzurunden: durch ein Feierabendmahl mit Eltern und Konfirmanden am Ende der Konfirmandenzeit.

Nun ermöglicht die Hektik des Konfirmationstages wenig meditative Ruhe – gerade im Blick auf die gemeinsame Feier des Abendmahls. Die Erfahrung zeigt, daß das Abendmahl für die Eltern gewöhnlich eine fremde Kommunikationsweise ist, zu der sie ein verkrampftes, zumindest aber distanziertes Verhältnis haben. Durch die Möglichkeiten, auf verschiedene Weise schon während der Konfirmandenzeit das Abendmahl mit den Jugendlichen zu feiern, sind deren »gemischte Gefühle« beim Abendmahl und die Unsicherheit beim Umgang mit Brot und Wein weitgehend abgebaut. Allerdings nehmen Eltern und Konfirmanden höchst selten die Chance wahr, gemeinsam am Abendmahl teilzunehmen.

Mit einem besonderen Feierabendmahl wollten wir:

- Das Abendmahl aus seinem kirchlichen Dornröschenschlaf wecken und als Möglichkeit zu befreiender Gemeinschaft erfahrbar machen.
- Die Konfirmandenzeit durch ein gemeinsames Fest von Erwachsenen und Jugendlichen abschließen.
- Gelegenheit bieten, daß Erwachsene und Jugendliche miteinander über Sinnfragen des Lebens sprechen können.
- Erwachsenen und Jugendlichen die Gemeinde als Ort generationenübergreifender Kommunikation in Gespräch, Feier und Gottesdienst erfahrbar werden lassen.

Vorbereitung

Acht Wochen vor dem geplanten Termin wurde ein Vorbereitungsteam gebildet: Gemeindehelferin, Organistin, drei Pfarrer, eine Konfirmandenmutter und einige Konfirmanden.

Etwa sechs Wochen vor Termin wurden die Eltern zu diesem Abend eingeladen. Alle Gruppen sollten zur Vorbereitung mit herangezogen werden, Konfirmanden und Eltern jedoch nicht getrennt, sondern gemeinsam bestimmte Aufgaben übernehmen. Als Möglichkeit zur Mitarbeit boten sich an:

- Inhaltliche Vorbereitung des global feststehenden Themas.
- Musikalische Gestaltung. Es gab Eltern und Konfirmanden, von denen wir wußten, daß sie musizieren und es auch schon im Rahmen anderer Gemeindeveranstaltungen getan hatten.
- Essensplanung und Raumgestaltung, Finanzen.

Bei einem Vorgespräch wurde deutlich: Die stärkste Beteiligung war bei der Essensplanung und Raumgestaltung. Am schwierigsten schien die inhaltliche Vorbereitung zu werden. Hier verließ man sich weitgehend auf die Mitarbeiter der Gemeinde. Es wurde vereinbart, daß sich das Fest selbst finanziell trägt und neben den Eltern auch andere Verwandte eingeladen werden konnten. Eine Phase der Vorbereitung in den einzelnen Untergruppen wurde durch eine gemeinsame Schlußabsprache beendet. Insgesamt war man sich einig, daß bei diesem Abend auf zwei Dinge zu achten wäre:

- Betonung des festlichen Charakters, weg vom sterilen Gemeindeveranstaltungsmief. Uns blieb wichtig, das Abendmahl (Eucharistie) und das gemeinsame Essen (Agape) zu unterscheiden und zugleich aufeinander zu beziehen, so daß das eine das andere verständlich macht und qualifiziert.
- Ermöglichung von Spontaneität und Gespräch, keine Vorführung »von Gekonntem«.

Schließlich hatten sich zu dem Abend 36 Konfirmanden und Konfirmandinnen sowie 120 Erwachsene angemeldet.

*19.00–19.30 Uhr: In der Kirche.* Den Altar bildete ein großer runder Tisch. Um diesen Tisch waren 150 Stühle im Kreis gruppiert.
*Begrüßung*
Einüben von *Liedern* (Unser Leben sei ein Fest; Komm, bau ein Haus)
*Psalmen*
*Gebet*
*Ansprache:* »Unser Leben sei ein Fest!?« (s.u.)
*Lied:* Unser Leben sei ein Fest
*Hinweis zum Ablauf des Abends*

*19.30–20.15 Uhr: Im Gemeindesaal*
Abendessen. Es war ein großes Buffet aufgebaut mit Getränken; das Essen wurde von den Konfirmandeneltern vorbereitet und mitgebracht; für Getränke wurde eine Umlage erhoben.

*20.15 –21.00 Uhr: In drei Gemeinderäumen*
Gespräch zum Thema: »Was habe ich nötig, damit mein Leben ein Fest wird?« In jedem Raum sind Konfirmanden und Erwachsene, jeweils 50 Personen.
*1. Arbeitsschritt:* In Tischgruppen zu je 8 Personen wird über die oben genannte Frage nachgedacht. Auf einem großen Blatt in der Mitte des Tisches werden die jeweiligen Einfälle aufgeschrieben.
*2. Arbeitsschritt:* Die Tischgruppen wählen die drei wichtigsten Voraussetzungen dafür aus, daß unser Leben ein Fest wird.
*3. Arbeitsschritt:* Die Tischgruppen berichten nun im Plenum über ihre Ergebnisse (Beispiel aus einer Plenumsrunde: Gesundheit, Träume, Frieden, Kontraste, Freude machen, lieben und geliebt werden in Familie und Freundeskreis, Frieden durch Gerechtigkeit und Gewaltlosigkeit, Arbeit, die mir Freude macht, Freunde, Kontakte, Glaube, Phantasie).
*4. Arbeitsschritt:* Diskussion über diese Arbeitsergebnisse (z.B. über die Frage, ob auch Kranke ihr Leben noch als Fest verstehen können).

*21.00–21.30 Uhr: In der Kirche.*

Inzwischen waren in den großen Stuhlkreis Stellwände mit folgenden Bibelsprüchen aufgestellt worden:

- Fürchte dich nicht; ich bin mit dir.
- Meine Kraft ist in den Schwachen mächtig.
- Seid fröhlich in Hoffnung, geduldig in Bedrängnis.

An diesen Stellwänden waren vor Beginn dieses Teils die jeweiligen Gruppenergebnisse auf Plakaten unter die Bibelsprüche geheftet worden. Vor den Stellwänden standen kleine Tische. Auf dem Altartisch standen neben Brot und Kelchen auch 150 Teelichte.

*Ablauf des Abendmahlsteils:*

- *Lied:* Komm, bau ein Haus
- *Ergebnisse aus den Gruppen* werden vorgetragen. Gleichzeitig wird auf die Bibelsprüche an den Stellwänden hingewiesen: Nicht immer gelingt es uns, die Voraussetzung zu schaffen, damit unser Leben ein Fest ist. Bitte prüfen Sie, bitte prüft, welcher Bibelspruch euch heute Abend die größte Ermutigung gibt.
- *Meditation mit Instrumentalmusik* von Konfirmandinnen und Konfirmanden.
- Jede und jeder zündet ein *Teelicht* vor dem Bibelspruch an, den er/sie für sich ausgewählt hat. Dabei Instrumentalmusik.
- *Hinführung zum Abendmahl*
- *Einsetzungswortge*
- *Vaterunser*
- *Lied:* Komm, sag es allen weiter
- *Einladung und Austeilung* (statt Sendungswort: jeweils ein Vers von dem Lied: »Unser Leben sei ein Fest«)
- *Schlußgebet* (s.u.)
- *Segen* (s.u.)
- *Lied:* Der Mond ist aufgegangen

**Ansprache**

(siehe 19 Uhr)

Liebe Konfirmanden, liebe Eltern, Paten und Verwandte, liebe Freunde!
Ich möchte zu Beginn ein schwedisches Märchen erzählen:
Zur Mittagszeit wurde es still am Waldrand. Alles ruhte. Da steckte plötzlich der Buchfink sein Köpfchen hervor und fragte: »Was ist eigentlich das Leben?« Alle waren über die Frage betroffen und wurden nachdenklich. Die Heckenrose entfaltete ihre Knospe und sprach: »Das Leben ist Entwicklung.« Der Schmetterling flog von Blume zu Blume und naschte da und dort: »Das Leben ist lauter Freude und Sonnenschein.« Die Ameise schleppte einen 10mal größeren Strohhalm und bemerkte: »Das Leben ist

nichts anderes als Mühsal und Arbeit.« Die Biene aber ergänzte nach einer honighaltigen Blume: »Das Leben ist ein Wechsel von Arbeit und Vergnügen.« Der Maulwurf hob den Kopf aus der Erde und brummte: »Das Leben ist ein Kampf im Dunkeln.«

Es hätte fast Streit gegeben, wenn nicht der Regen dazwischengekommen wäre: »Das Leben«, sagte er, »besteht aus Tränen, nichts als Tränen.« Er zog weiter zum Meer. Dort brandeten die Wogen gegen die Felsen und stöhnten: »Das Leben ist ein stets vergebliches Ringen nach Freiheit.« Hoch oben zog der Adler seine Kreise und frohlockte: »Das Leben ist nur ein Streben nach oben.« Die Weide am kleinen See aber meinte: »Das Leben ist ein Sich-Neigen unter eine höhere Macht.« Mit der Nacht kam auch der Uhu und krächzte in die Stille: »Leben heißt, die Gelegenheit nützen, wenn andere schlafen.« Es wurde still am Waldesrand. Spät aber kam ein junger Mann, müde vom Tanzen und Trinken: »Das Leben ist ständiges Suchen nach Glück und eine lange Kette von Enttäuschungen.« Dann schlief er ein. Bald aber erwachte die Morgenröte in ihrer vollen Pracht und strahlte in alles Leben: »Das Leben ist ein stetes Beginnen und der Anbruch eines ewigen Festes.«

»Unser Leben sei ein Fest«, so heißt das Thema dieses Abends. So haben wir es in dem Lied vorhin gesungen und werden es noch singen. Und von der Morgenröte im schwedischen Märchen haben wir es eben gehört. Aber stimmt das eigentlich? Hat nicht eher die Ameise recht, die sagt: Das Leben ist nichts als Mühsal? Oder gar der Maulwurf: Das Leben ist ein Kampf im Dunkeln? Oder die Meereswogen, die Euch Konfirmanden vielleicht sehr vertraut vorkommen: Das Leben ist ein vergebliches Ringen um Freheit!

Ich kann mir vorstellen, wir könnten dem Lied, wir könnten der Morgenröte recht geben, wenn es hieße: Unser Leben braucht ab und zu auch Feste. Von Zeit zu Zeit ist ein Fest an der Zeit! Wir müssen Pausen machen, den Trott unterbrechen, durchatmen, einfach mal zu nichts verpflichtet sein, essen und trinken, singen, uns unterhalten, so wie heute abend. Unser Leben braucht solche Feste. Und viele freuen sich schon auf das große Fest, die Konfirmation, und setzen viel dafür ein, damit es gelingt. Unser Leben braucht Feste. Und häufig habe ich das Gefühl, es fällt uns zunehmend schwer, Feste zu feiern. Besonders den Erwachsenen, weniger den Kindern. Woran liegt das? Wachsen uns die Termine, die Pflichten, die Sorgen so über den Kopf, daß wir nicht mehr feiern können? Menschen, die nicht mehr feiern können, werden einsam. Ohne Feste, so denke ich, legt sich leicht über unser Leben die Staubschicht der Langeweile. Und nichts ist gefährlicher, ja tödlicher für's Leben als die Langeweile. Ein dummer Mensch ist vielleicht noch zu ertragen, ein langweiliger nur schwer. Nichts ist auch für den Glauben tödlicher als Langeweile, als langweilige Gottesdienste, als langweilige Christen, die mit verbissenem Ernst herumlaufen.

Auch unser Glaube braucht Feste! Deswegen feiern wir Weihnachten und Ostern und Konfirmation! Deswegen feiern wir jeden Sonntag Gottesdienst! Das 3. Gebot ist das Gebot zum Feiern! Jeden Sonntag!
Aber nun ist doch nicht alle Tage Sonntag! Mein Zweifel am Thema dieses Abends ist damit also noch nicht ausgeräumt! Dort hieß es ja: Unser *Leben*, das ganze Leben, jeder Tag ein Fest!
Das kann ja wohl nicht heißen: Zu jedem Frühstück Sekt, jedem Mittag Fürst-Pückler-Eis mit Sahne und nach jedem Abendbrot Disco oder Samba! Das hält ja die wildeste Hummel nicht aus.
Ich denke, so ist es auch nicht gemeint. »Unser Leben sei ein Fest« – ich denke, in diesem Satz ist eine Hoffnung verborgen, vielleicht auch eine Bitte, ein Gebet oder auch ein Wunsch: Überprüft einmal Euer Leben! Habt Ihr die richtige Einstellung zu Eurem Leben? Wenn Ihr zu einem Fest geht, dann braucht Ihr gute Laune. Sonst nützt das schönste Buffet und die beste Musik nichts. Damit Euer Leben schön wird, sich lohnt, in seiner ganzen Einmaligkeit von Euch wahrgenommen wird, so daß Ihr sagen könnt: Es ist ein Fest – auch dazu braucht Ihr die richtige Einstellung!
Gute Laune ist da sicher schon sehr wichtig, aber bestimmt nicht genug. Außerdem kann ja keiner von uns ständig als sonny boy oder sonny girl durch die Gegend ziehen. Mir sind auch die Leute verdächtig, die mich stets anlächeln, auch wenn sich dahinter ganz anderes verbirgt. Was ist dann aber die richtige Einstellung zum Leben? Was haben wir nötig, damit unser ganzes Leben ein Fest wird? Diese Frage wird uns heute abend noch beschäftigen. Ich will sie jetzt nur stellen, nicht beantworten. Das wollen wir nachher gemeinsam versuchen. Ich will nur die Richtung angeben, in der vielleicht das Geheimnis einer Antwort liegt. Vielleicht ist dieses Geheimnis in dem Text des Liedes zu finden, das wir vorhin schon einmal gesungen haben und das wir jetzt noch einmal singen wollen: »Unser Leben sei ein Fest, Jesu Geist in unserer Mitte. Jesu Werk in unseren Händen. Jesu Geist in unseren Werken.« Amen.

*Gebet*
Wir danken dir, Gott, für diesen Abend. Wir danken dir für die Gemeinschaft mit dir und das Gespräch untereinander. Du willst nicht, daß uns die Sorgen, die Pflichten, die Angst vor dem, was morgen sein wird, unsere Fantasie und unsere Freude am Leben nehmen und die Bereitschaft zur Verantwortung lähmen. Du teilst mit uns den Kelch und das Brot. Dein Leben, deinen guten Geist. Sei mit uns allen, den Konfirmandinnen und Konfirmanden, die das Leben ausprobieren wollen, daß sie nicht allzuoft enttäuscht werden. Sei mit den Erwachsenen, daß sich nicht ein Grauschleier der Routine über ihr Leben legt. Hilf uns Jungen und Alten, Partner zu bleiben, gerade dort, wo es schwer wird oder wir den Sinn unseres Lebens aus den Augen verlieren. Schenke uns die heilsame Kraft deiner Liebe und den geduldigen Atem deiner Hoffnung und den erfinderischen

Geist des Glaubens, damit wir in jedem Tag und in jedem Menschen eine Ursache zur Freude entdecken. Dann wird unser Leben ein Fest sein. Amen.

*Segen*

Und nun geht mit dem Segen Gottes:
Wendet Euch dem Leben zu – als Menschen, die die Erde lieben und für sie verantwortlich sind.
Wendet Euch dem Leben zu – als Menschen, die über vieles staunen und für manches danken können mitten in Angst und Gefahr dieser Schöpfung.
Wendet Euch dem Leben zu – als Menschen, die darauf hoffen, daß Jesu Geist in ihrer Mitte sein wird, damit die Menschen zur Umkehr kommen und die Welt eine Zukunft hat.
So spricht Gott: Ich will dich segnen, und du sollst ein Segen sein.

# Predigten

# Gott füllt uns unsere Reisetasche

Predigt über Römer 15,13 im Begrüßungsgottesdienst
für die neuen Konfirmandinnen und Konfirmanden *Klaus Zillessen*

Es ist eine schöne Geste und trägt zur Identifikation in der Gruppe bei, wenn die Konfirmanden/innen beim ersten Treffen eine KU-Tasche aus Leinen oder Jute geschenkt gekommen und diese bemalen (Jute auch besticken) können.
Technik: in Leinentasche Pappe o.ä. einlegen, um ein Durchschlagen der Farbe zu vermeiden.
Möglich sind Kartoffel- oder Korkdruck, Siebdrucke und Batik, sowie Bemalen mit Stoffdruckfarben und Pinsel.

Liebe Gemeinde, liebe Konfirmandinnen und Konfirmanden,
gestern trafen wir uns zum erstenmal zum Kennenlernen und zu Absprachen. Dann hat jede und jeder sich eine Konfirmandentasche gebastelt: auf einer Jutetasche (aus der »Dritten Welt«) haben wir das Symbol unserer Heiliggeistgemeinde Kirchzarten mit Stoffarbe aufgetragen: die Taube als Symbol des Heiligen Geistes – rot – das ist die Farbe des Geistes Gottes (rot wie »Feuer« und »Liebe«) – dazu den eigenen Namen gesetzt (den Namen, bei dem Gott uns gerufen hat): Biggi, Mark, Steffi. (Dort an der Altarwand hängen unsere Taschen!)

Eure Konfirmandentaschen! – Was sollen wir in den nächsten 7 Monaten hineinpacken? Natürlich: An jedem Donnerstag Bibel, Gesangbuch, Konfirmandenheft und Schreibzeug. Was noch? – (Oder will jemand sie leer lassen, um sie dann am Konfirmationssonntag den Verwandten und Paten weit geöffnet hinzuhalten, damit die dann Geldscheine, Transistorengeräte, Lautsprecherboxen, womöglich gar ein Moped reinpacken? – Wenn die Tasche nur so groß wäre!)

Was wollt Ihr in Eurer Konfirmandenzeit reinpacken? Wissen und Kenntnisse über die Bibel und den Glauben und Kirche? Einsichten in Lebenszusammenhänge und Hintergründe des Lebens? Erfahrungen mit Christen und mit unserer Gemeinde? Melodien, Lieder, gute (Bibel)Worte, die halten, was sie versprechen? Rechte, die ihr mit der Konfirmation erwerbt: Zulassung zum Abendmahl, das Recht, Pate werden zu können? Konfirmationsbescheinigung als »kirchlichen Führerschein«?
Das alles könntet ihr in die Tasche packen – und sie wäre noch lange nicht voll!

Ich – und andere in der Gemeinde (vielleicht auch eure Eltern und Paten) – wollen euch beim Packen helfen.

– – Und vielleicht will ich Euch noch das eine oder andere hineinschmuggeln, als kleine Überraschung für später!
So wie man jemand, den man mag, ins Reisegepäck heimlich irgend etwas Gutes noch dazupackt: eine kleine Stärkung, eine besondere Reiselektüre, irgendetwas, das sich als nützlich erweist, und an das man vorher beim Packen selbst nicht gedacht hatte!
Irgend was, über das man sich freut, wenn man später beim Kramen in der Tasche darauf stößt.

Das Schönste: wenn mit den Dingen, die ihr selbst oder andere in diesen Monaten der Konfirmandenzeit hineinpackt, GOTT eure Konfirmandentasche füllen würde!
Paulus hat einmal in einem Brief an eine seiner Gemeinden das so ähnlich geschrieben:
»Unser Gott – er ist ein Gott der Hoffnung! – fülle eure Taschen, erfülle Euch selbst mit aller Freude und Friede im Glauben, daß ihr immer reicher werdet an Hoffnung durch die Kraft seines Geistes«. (Römer 15,13)

HOFFNUNGEN soll eure Konfirmandentasche bergen: Zutrauen in den Glauben sollt ihr bekommen, Zutrauen in das, was Gott euch verspricht, Vertrauen in die Tragkraft und Verläßlichkeit seines Wortes.
FRIEDEN will Gott euch mitgeben: die Spannungen, die Probleme, die wir immer wieder schaffen und in die wir uns gegenseiig immer wieder verwickeln, sollen gelöst werden – weil Gott verzeiht und versöhnt.
Und FREUDE will Gott in eure Taschen packen.
Damit ist sicher nicht vordergründige Lustigkeit gemeint (wenngleich ich hoffe, daß es im Konfirmandenunterricht und vielleicht auch im Gottesdienst immer wieder mal was zu lachen gibt!). Aber Freude ist mehr: sie hat was mit Erfüllung zu tun und dem Wissen, daß Gott und andere einen mögen.
Nur: Der bestgefüllteste Wanderrucksack, eine noch so gut bestückte Tasche nützt nicht, wenn man nicht immer wieder was rausholt! Hoffentlich macht ihr immer wieder mal Rast, z.B. hier im Gottesdienst, und packt was aus aus eurer Tasche, werdet fündig! Wegzehrung und Nahrung für Leib und Seele, eine Stärkung, eine Tröstung, eine Orientierungshilfe.
Schutzkleidung gegen Unwetter des Lebens. Und hoffentlich laßt ihr nicht die Tasche versehentlich (oder gar absichtlich!) irgendwo an einer Wegkreuzung einfach stehen!
Manchmal hatte ich schon das Gefühl, daß Konfirmanden ihre Tasche am Tag der Konfirmation hier draußen im Foyer an die Mantelhaken gehängt hatten und ohne Verpflegung und ohne Landkarte, Kompaß und Unwetterschutz fortgegangen sind – wenn das nur gutgeht!
Übrigens füllt Gott uns unsere Reisetasche so reichlich, daß wir durchaus immer wieder mal was an andere abgeben können, an Stärkung, Hoffnung, Freude ... So ist das auch gedacht von ihm – das ist auch eine Frage der Wanderkameradschaft ... denn wir sind ja miteinander auf dem Weg!

Jedenfalls ist das mein Wunsch an Euch:
»Unser Gott – er ist ein Gott der Hoffnung! – der fülle eure Konfirmandentasche, nein: euch selbst – euer ›Herz, Mut und Sinn‹ – mit aller Freude und Frieden im Glauben, daß ihr immer reicher werdet an Hoffnung und Zutrauen zu ihm durch die Kraft des Heiligen Geistes.«

## Fürchte dich nicht!

Rede zur Einführung der Konfirmanden
in das Konfirmationsjahr *Arno Schmitt*

Im Gottesdienst wurden Kinder und eine Konfirmandin getauft. Die Rede gliedert sich in zwei Teile. Teil I wurde von einer jungen Mitarbeiterin gesprochen. Die Konfirmanden und die Tauffamilien saßen im Halbkreis um den Altar und den Taufstein.

*Teil 1*
Liebe Konfirmanden, ich bin Anke Augustin, bin vor zwei Jahren hier in der Johanniskirche konfirmiert worden, gehöre jetzt zur »Jungen Gemeinde« – und möchte euch eine kleine Geschichte vorlesen, zum Gruß gewissermaßen:
»Vom Horizont kamen drei Grauwölfe. Riesig. Mit feuerflammenden Augen. Wie Bergspitzen steckten die Zähne in ihren Rachen. Ihre jagenden Schatten nahmen dem Präriegras das Licht. Sie jagten auf den Indianer zu ... umrundeten ihn ... hatten Hunger und warteten auf eine Geste der Abwehr. Nichts. Die Wölfe setzten sich vor dem Indianer hin und blickten zu ihm auf. Doch der pfiff vor sich hin nur ... eine leise Melodie. Der Wolfsführer rückte etwas näher heran ... machte vorsichtig den Hals lang ... schielte nach des Roten Mannes Armen und Beinen, in denen sonst so viel Bewegung steckte ... berührte mit der Nase fast dessen Gesicht ... schnupperte lange ... und sagte dann bekümmnert: Hat keinen Sinn, es fehlt das Aroma! Da ließen die Wölfe traurig ihre Ohren fallen ... hoben die Schnauzen und stießen ein kurzes Klagegeheul aus ... und liefen davon. Und je weiter sie an den Horizont kamen, desto größer wurden sie wieder. Der Indianer derweil pfiff weiter, als sei nichts geschehen ...«

*Teil 2*
»Kein Aroma« hatte er, der kleine Indianer, von dem euch Anke eben erzählt hat. »Kein Aroma«, also keine Angst ... und ohne Angst schmeckte es ihm nicht, dem großen grauen Wolf. Angst ja machte seine Speise erst

zum Genuß, doch fehlte sie, dann war's auch mit dem Appetit nicht mehr weit her!

Warum wir euch diese Geschichte erzählt haben, heute, am Anfang des neuen Konfirmationsjahres? Nun – weil heute das Konfirmare beginnt, das Festmachen und Festgemachtwerden, das Befestigen und Befestigtwerden. Und ein Kahn, der fest ist, gut vertäut und verankert, der braucht auch den Sturm nicht zu fürchten ... im Gegenteil: der wird zu den ersten gehören, mit dem die Küstenwache hinauskann auf See, die Gefährdeten und Gekenterten zu retten.

Doch ist auch das nur die halbe Geschichte. Die »ganze« nämlich beginnt mit der Taufe. Meistens ja sind es ganz kleine Kinder, die getauft werden, aber mitunter sind sie auch schon größer, Konfirmanden etwa (wie heute) ... und manchmal findet die Taufe am Tag der Konfirmation statt, und auch wer erwachsen ist, hat noch Zeit getauft zu werden. Gleichgültig, wann getauft wird ... der »Rote Faden«, der cantus firmus, ist immer derselbe und hört sich so an: »Fürchte dich nicht, denn siehe, ich habe dich erlöst, ich habe dich bei deinem Namen gerufen, du bist mein ...« (Jes 43,1). Darum also geht es in der Taufe: daß es da keine Sekunde lang auf mich ankommt ... darauf, was ich vorzuweisen, ich draufhabe, sondern darauf: daß da EIN ANDERER auf den Plan tritt, dicht an mich heran, und mir ins Ohr flüstert: »Keine Angst; mag sein, daß es steinig wird auf dem Weg, mag sein auch, daß du große Mühe haben wirst mit dem Leben, doch wirst du nicht für dich sein, ich werde mit dir sein ... kannst dich fest darauf verlassen ... IMMANUEL mein Name: Vergiß es nicht!«

Und wenn dann (wie gleich nachher) das Wasser über den Täufling gegossen wird, das Wasser aus dem Stein, der aussieht wie eine Quelle, dann ist das das Zeichen dafür, daß jetzt alles »klar« ist, das Ungeklärte, Mißverständliche und Zweitrangige »weggewischt«. Die Zeichen stehen jetzt ganz auf Leben.

Wie der sich zeigt, liebe Konfirmanden, der euch sein »Fürchte dich nicht!« zuspricht? Manchmal ja könnte man meinen: der zeigt sich überhaupt nicht. Da habe ich mir etwas von ganzem Herzen erhofft ... und was geschieht? Überhaupt nichts geschieht oder das ganze Gegenteil ... und anderen fällt's zu, obwohl die's, so sind wir überzeugt, gar nicht »verdient« haben. Seht ihr? Da ist es wieder: dieses »ich hab's verdient und der nicht«. Frage: Wer beurteilt das denn, wer wann was wodurch »verdient« und wer nicht! Ich?

Wer es mit Gott zu tun hat, muß es »entriegeln«, sein kleines, störrisches, sich selbst nur immer umtanzendes Ich. Muß mit feineren Ohren, aufmerksameren Augen, empfindlicheren Organen hören und sehen und schmecken lernen. Und vor allem: Muß sich Zeit lassen ... Gott und sich selbst. Gott braucht Zeit mit mir. Als er die Welt schuf, so die Bibel gleich im ersten Kapitel, da mußten erst 'mal fünf ganze Tage vergehen (und zusätzlich vom sechsten ein Teil), bis er sich an sein Risiko- und Mängelgeschöpf, den

Menschen, machte. Wie gesagt: meine Augen, mein Gott – was sehe ich da mitunter und sehe doch nichts ... und was entgeht mir im nächsten Augenblick und ist doch wie ein Traum! Möchte euch von einem Mann erzählen: Er träumt, er würde mit Gott spazierengehen, dicht bei dicht, irgendwo am Strand. Und über ihnen am Himmel ... lauter Szenen des Lebens: solche, die schon hinter ihnen lagen, und solche, die noch ausstanden. Und immerzu sah er zwei Paar Fußabdrücke im Sand, nur einmal nicht, da sah er nur ein Paar. Und sah auch das: daß es ihm da gerade am allerschlechtesten ging. Das wunderte ihn natürlich, und er fragte Gott: »Gott hast du mir nicht gesagt, du würdest mit mir sein, doch nun sehe ich, daß ich dort, wo ich dich am nötigsten hatte, alleine geblieben bin ... Ich versteh' das nicht!« »Nein!« antwortete Gott, »du irrst, mein Freund! Du warst nicht allein, gerade dort nicht, wo du mich am nötigsten gebraucht hast. Denn sieh': dort ja bin ich dir am nächsten gewesen und hab' dich auf meinen Schultern getragen!«

So die Augen und die Ohren, »Herz und Verstand« zu üben, liebe Konfirmanden, Eltern und Gemeinde ... Gott ein ganz klein wenig ins Handwerk zu schauen ... »fester« noch anzulegen an ihn, »tiefer« noch vor Anker zu gehen an ihm: So wollen wir es tun miteinander in den nächsten Monaten bis zu eurer Konfirmation, hier auch in den Gottesdiensten, vor allem ader in unserer Gruppe und mit den anderen in der Gemeinde, die konfirmiert bereits sind. Wollen uns mitnehmen lassen in die Geschichte mit dem, dessen erklärte Absicht es ist, meine Angst durch ein anderes Aroma, ein besseres, befreiendes zu ersetzen: durch das Aroma der Freundlichkeit und des Vertrauens. Wie das ist mit solchem Geschmack? Ich will es euch mit dem Bild von der »Schneeammer« sagen:

Am isländischen Gletscher ist sie der stärkste Vogel ... und wiegt doch nicht mehr als eine Briefmarke. Wenn der Eiswind kommt, steht sie ... und wird nicht fortgeweht. Wie sie das macht?

Ihr müßtet ihren Kopf sehen ... diesen überaus zarten, ganz kleinen. Sie hält ihn dem Unwetter entgegen ... den Schnabel zur Erde ... legt die Flügel fest an die Seite ... der Schwanz zeigt nach oben. Der Sturm – er kann das Tier nicht packen. Er muß sich spalten ... um das Tier herumtoben. Selbst die schlimmste Bö bringt die Ammer nicht zum Zittern. Wo sie steht, ist Windstille, nicht eine Feder bewegt sich. Und wenn der Sturm nicht mehr kann, schüttelt sich der Vogel ein wenig, erinnert sich an sein Leben ... und fliegt davon. Amen.

# Ein Abend mit Gott

Anspiel der Konfirmierten und Ansprache
zur Aufnahme des neuen Konfirmandenjahrganges *Günter Kaltschnee*

Die neuen Konfirmanden waren mit ihren Eltern schriftlich zu einem Theaterspiel mit dem Titel ›Ein Abend mit Gott‹ und zur anschließenden Abendandacht eingeladen worden. Auch die ganze Gemeinde war durch Gemeindebrief und Abkündigungen im Gottesdienst dazu geladen.

*Anspiel: Ein Abend mit Gott*
*Im Altarraum ist eine einfache Tür angedeutet. An dieser Tür hängt mit großen Buchstaben das Namensschild ›GOTT‹. Einige Leute (Konfirmanden) spazieren an der Tür vorbei. Neugierige sehen das Schild, betrachten es näher und gehen dann weiter. Ein ganz Neugieriger geht, als er alleine ist, zur Tür hin und klingelt.*
*Ein Mensch öffnet von innen. Er ist angezogen wie ein Diener. Beide spielen den folgenden Dialog übertrieben langsam.*
*Diener:* Guten Tag, womit kann ich Ihnen dienen?
*Neugieriger:* Ich fand dieses Schild hier so interessant! Und da ich schon immer mal Gott gerne kennenlernen wollte, habe ich einfach geklingelt. Kann ich denn Gott hier kennenlernen?
*Diener:* Natürlich! Gott läßt bitten.
Beide verschwinden in der Tür.
Es folgt eine längere Pause (etwa 2 Minuten) zum Nachdenken, dann liest ein Konfirmand den Predigttext 2. Korinther 5,19+20.

**Ansprache**
Liebe neue Konfirmandinnen und Konfirmanden! Liebe »alte« Konfirmandinnen und Konfirmmanden! Liebe Gemeinde!
»Ein Abend mit Gott!« Was haben sie da erwartet? Gott sehen? Gott erleben auf der Bühne?
Da klingelt ein Neugieriger an einer Tür mit dem Schild ›GOTT‹, um Gott kennenzulernen. Ein Mensch, ein Diener, öffnet die Tür zu Gott, oder besser: zu Gottes Wohnung, d.h. zu dem Ort, wo man Gott treffen kann, und sagt ganz einfach: »Gott läßt bitten!«
Gott fordert nicht, Gott drängt nicht. Gott sagt ganz einfach »Bitte!« durch einen Menschen. Dreierlei kommt mir dazu in den Sinn:
Erstens: Gott hat eine offene Tür für Menschen, die Erfahrungen mit ihm machen wollen.
Zweitens: Gott bittet durch Menschen, ihm nahezukommen.

Und drittens: Wir selbst können zu solchen Menschen werden, die an Christi Statt, an seiner Stelle auf Gott hinweisen.
Ihr, liebe neue Konfirmandinnen und Konfirmanden, findet bestimmt auch offene Türen, wenn ihr euch auf Gott einlassen wollt.
Meist sind es Menschen, die uns zu Gott und zum Glauben führen. Zuallererst ist da der Mensch Jesus Christus, der uns unwiderruflich Gott nahe gebracht hat. Er hat uns mit Gott versöhnt, also zu Söhnen und Töchtern, besser zu Kindern Gottes gemacht. Er hat uns Gottes Liebe vorgelebt, konsequent bis in den Tod. Ja, er wurde von Gott als Bestätigung seiner Liebe, die im Tod nicht Halt macht, auferweckt. Gottes Liebe sollte grenzenlos sein.
Aber da ist auch der Apostel Paulus, von dem der Predigttext geschrieben wurde. Er spricht von sich als Botschafter an Christi Statt. Er will anderen Menschen von Gottes Einladung erzählen und hat das ›Gott läßt bitten‹ im ganzen östlichen Mittelmeerraum verkündet. »So bitten wir an Christi Statt: ›Laßt euch versöhnen mit Gott!‹« Laßt Euch hineinnehmen in Gottes grenzenlose Liebe.
Auch uns treten heutzutage solche Menschen entgegen, und ich sehe es als die Hauptaufgabe meines Konfirmandenunterrichtes an, euch, liebe Konfirmanden, dieses Vertrauen zu Gott vorzuleben und es in euch zu wecken und zu stärken. Ich will damit genauso sagen: »Gott läßt bitten!«
Aber auch wir selbst sollen ein Stück weit zu solchen Menschen werden. Zu einer Art Diener Gottes, man kann auch Botschafter sagen. Hier und jetzt sollen wir für Gottes Liebe werben, ja, bitten.
Hier und jetzt ist Gottes Liebe spürbar und da sind wir aufgefordert, diese Botschaft weiterzugeben. Als Eltern, als Paten, als Freunde und natürlich auch als Pfarrer. Wir sind aufgefordert zu helfen, Türen zu öffnen.
Wir brauchen keine Angst zu haben, zu fromm zu wirken. Etwa wenn wir uns zum Beten bekennen, zu fromm, weil wir öfters in die Kirche oder ins Pfarrhaus gehen oder weil wir im Alltag auch einmal einen Bibelvers benützen. Wir sind auch nicht zu fromm, wenn wir andere einmal zum Gottesdienst einladen. Nein, Angst zu fromm zu sein, die braucht keiner zu haben. Martin Luther sagt: »Es gibt kein fromm sein, sondern nur ein fromm werden.«
Unser Dieneramt als Christen ist es, sprechend und handelnd mit Herzen, Mund und Händen durch Worte und Taten die Einladung Gottes sichtbar werden zu lassen. »Gott läßt bitten!«
Wir sollen helfen, Räume und Herzen für Gottes Liebe weit werden zu lassen.
Wenn wir Christen Gottes Liebe in unserem Leben entdecken, dann treibt uns das an, auch anderen diese Nähe und Liebe Gottes spürbar werden zu lassen.
Für mich heißt das: Den anderen mit den Augen der Nächstenliebe anzusehen. Eben im Anderen bewußt das Gute sehen zu wollen, ihn so anzu-

nehmen, wie er ist, und mitzuhelfen, sein Herz und seine Sinne für Gottes Liebe weit zu machen, sich mit Gott versöhnen zu lassen.
Kann es für uns Menschen denn etwas Schöneres geben, als einem anderen Menschen das Herz weit zu machen, damit Gottes Liebe darin Raum gewinnt?
Mit Jesus Christus läßt Gott bitten: Gott bittet uns, weil er uns ein Grundvertrauen für das Leben schenken will. Eben das Grundvertrauen, daß unser Leben in seiner Liebe geborgen ist und seinen Sinn auch im Tod nicht verliert.
Liebe neue Konfirmanden, nehmt das als Bitte in eure Konfirmandenzeit mit: Laßt euer Leben von diesem Vertrauen zu Gottes Liebe begeistern.
Gott läßt bitten!
Amen.

## Erfahrungen mit Erzählpredigten

*Karl-Heinz Ronecker*

Während einer Konfirmandenfreizeit wurde die Aufgabe gestellt, Briefe, Zeitungsberichte oder Tagebuchnotizen zu schreiben, welche die Vorgänge um den Zöllner Zachäus wiedergaben.
Die Konfirmandinnen und Konfirmanden sollten dabei versuchen, in die Rolle bestimmter Personen zu schlüpfen, um den Zorn der Pharisäer, die Freude des Zachäus, das mögliche Zögern der Jünger nachzuerleben.
Der kreative Umgang mit dem Bibeltext (es gab auch die Möglichkeit zu malen, Interviews aufzunehmen o.ä.) sollte zunächst die Freude an der Arbeit fördern, dann aber auch einen mehr als bloß kognitiven Zugang zum berichteten Geschehen erschließen. Dadurch, daß sich die Jugendlichen in verschiedene Rollen hineinleben mußten, konnten sie die Dynamik der Geschichte besser verstehen lernen.
Eine Reihe der erarbeiteten Texte war so treffend, daß die Gruppe selbst meinte, sie müßten der Gemeinde mitgeteilt werden.
So beschlossen wir, einen Gottesdienst zu gestalten. Die Predigt sollte als erzählende Predigt gehalten und die Texte der Jugendlichen in diese eingearbeitet werden.
Aufgabe des Pfarrers war es, zusammen mit einer kleinen Gruppe diese Texte zu überarbeiten und einen erzählenden Rahmen zu entwerfen.
Während des Gottesdienstes wurden die entsprechenden Briefe, Interviews o.ä. von den Konfirmandinnen und Konfirmanden selbst gelesen.

Diese befanden sich während der ganzen Zeit im Chorraum, so daß ein Hin- und Herlaufen vermieden wurde.
Inzwischen sind viele solcher Predigten entstanden. Dabei haben wir verschiedenes unternommen: Briefe und Tagebuchnotizen, welche ein je anderes Licht auf den Text warfen, waren das eine; der Versuch folgte, die biblische Geschichte aus der Perspektive eines der Betroffenen nachzuerzählen. Wir haben auch schon die beteiligten Personen ohne das unhistorische Medium Brief, Zeitungsnotiz etc. in einer Art Rundgespräch zu Wort kommen lassen.
Im Blick auf die Vorbereitung hat sich als wichtig erwiesen, die Figuren und die mit ihnen verbundene Aufgabenstellung so auszuwählen, daß nicht nur die Fabulierlust angeregt wird, sondern typische Positionen deutlich werden, in deren Spiegel der Sinn der Geschichte hervortritt.

Als vorläufiges Ergebnis läßt sich folgendes festhalten:
Die Zahl junger Gemeindeglieder, bei der Vorbereitung einer solchen Erzählpredigt mitzumachen, stieg stark an. Die Möglichkeit, sich in einen Gottesdienst einzubringen, scheint ebenso anzusprechen wie die gewählte Form.
Der kreative Umgang mit biblischen Gestalten läßt viel über die Fragen der Jugendlichen erkennen, auch über das, was ihnen der Bibeltext an Anworten erschließt.
Das Echo der Gemeinde ist unterschiedlich. Etliche freuen sich an der Beteiligung der Jugend, andere an der neuen Form der Predigt, die sie selbst den Bibeltext auf eine neue Weise verstehen läßt.
Wieder anderen ist alles zu verwirrend. Sie würden lieber die eine Stimme des einen Predigers hören, seine Auslegung des Textes, sein Zeugnis. Hinter der Erzählung, so wird gesagt, kann sich die persönliche Betroffenheit des Predigers zu leicht verstecken. Man weiß dann nicht so recht, wo er selbst steht.
Dem wird entgegengehalten, daß gerade eine erzählende Predigt die Vielschichtigkeit des Textes besser wiederzugeben vermag. Sie gebe zugleich die Möglichkeit, sich selbst in einer der Gestalten unterzubringen. Diese Arbeit müsse man freilich leisten.
Dabei blieben einige offene Fragen. Soll der Erzählung eine kurze Besprechung folgen? Welche Aufgabe hätte diese dann? Könnte sie dem Bedürfnis nach einer Aussage, »die man mit nach Hause nehmen kann«, entgegenkommen? Wie läßt sie sich andererseits davor bewahren, zu schulmeisterlicher Belehrung zu werden? Eine andere Schwierigkeit betrifft die Beteiligung der Jugendlichen. Wie lassen sich deren Arbeitsergebnisse sinnvoll in die Erzählpredigt einfügen? Welche werden ausgewählt? Wer aus der großen Zahl der Vorbereitenden wirkt beim Gottesdienst mit?

Welche Kompromisse können geschlossen werden zwischen der pädagogisch- bzw. seelsorgerlich-sinnvollen Beteiligung eines Mädchens oder Jungen und den homiletischen bzw. ästhetischen Bedürfnissen des Predigers und der Gemeinde?
Gelegentlich wurde es eben doch nötig, daß der Prediger die Arbeitsergebnisse sprachlich überarbeitet, ja sogar mehrere Texte in einen zusammengefaßt hat.

**Erzählpredigt**
Text: Markus 2,1–11
Kapernaum gefällt mir. Es ist ein großzügiger Ort mit einem Hauch römischer Lebensart. Darum bin ich gerne dort.
Vor allem der halbstündige Weg zum See Genezareth hat es mir angetan. Ich liebe das klare Wasser, den Blick auf die Berge, aber auch die plötzlichen Stürme, die hier hereinbrechen können.
Dennoch wäre ich schon längst in meine Kanzlei nach Cäsarea zurückgekehrt, hätte es die Sache mit dem Dach nicht gegeben.
Es zeigte sich ziemlich bald, daß es für mich da nichts zu verdienen gab. Dafür erfuhr ich Dinge, die mir die Angelegenheit immer spannender machten.
Ich bin Advokat. Mein Spezialgebiet sind Schadensersatzprozesse. Dank meiner glänzenden Beziehung zum römischen Gericht habe ich schon manche Erfolge gehabt.
Als ich davon hörte, daß einige Leute das Dach eines Hauses zerstörten, um einen ihre Freunde zu einem Wunderheiler zu bringen, bot ich dem Geschädigten meine Hilfe an.
Doch der lachte mir entgegen und antwortete: »Besser ein heiles Leben als ein heiles Dach.«
Das brachte mich ins Grübeln.
Inzwischen habe ich erfahren, daß jener Kranke tatsächlich geheilt wurde. Aber warum sagte der Hausbesitzer nicht einfach: »Besser ein gesunder Mensch als ein ganzes Dach?« Weshalb bestand er so auf dem Wort heil?
Was mich angeht, so habe ich einen interessanten Beruf, eine unkomplizierte Familie und ein ordentliches Einkommen. Aber ich würde mich hüten zu behaupten, daß mein Leben heil sei.
Dafür gibt es zu viele Verwundungen. Es gibt auch manches, an das ich nicht gerne erinnert werde.
Na ja – Sie müsen verstehen. Wenn man sich hocharbeiten will, geht es nicht immer sanft zu.
»Ein heiles Leben ist besser als ein heiles Dach.« Die Vorgänge in jenem Haus begannen mich zu interessieren.
Als ich nochmals zu Simon, dem Geschädigten kam, meinte der, ich wolle ihn doch noch zu einem Prozeß überreden. Schon von weitem winkte er ab. Dann drückte er mir einen Brief in die Hand.
»Lies«, sagte er, »du wirst sehen, die Heilung zieht Kreise.«

*Joas an Simon*
*»Shalom, Friede sei mit Dir.*
*Ich bin einer der Männer, über die Du Dich in den letzten Tagen sicher sehr geärgert hast. Als der Rabbi aus Nazareth in Deinem Haus predigte, haben wir Dein Dach abgedeckt, um den gelähmten Nathan hinunterzulassen.*
*Ich kann gut verstehen, wenn Du auf uns zornig bist. Ich entschuldige mich hiermit bei Dir dafür, daß wir das Dach zerstört haben. Aber ich bitte Dich auch, den Grund zu begreifen, warum wir das tun mußten.*
*Schon seit Jahren kenne ich den Gelähmten.*
*Wir tragen ihn jeden Morgen zum Marktplatz und holen ihn abends wieder ab. Den ganzen Tag sitzt er in der brütenden Hitze und bettelt.*
*Davon kann er manchmal eher schlecht als recht leben.*
*Ich würde gerne mehr für ihn tun, aber ich habe selbst kaum das Nötigste.*
*Dieser Tage hörte ich von Jesus und daß er Nathan vielleicht heilen könnte.*
*Sofort rief ich drei meiner Freunde zusammen, und wir trugen ihn vom Marktplatz bis zu Deinem Haus.*
*Dort sahen wir die vielen Leute. Noch hatten wir die Hoffnung nicht aufgegeben. Wir wollten uns mit Nathan zu Jesus vordrängen. Doch wir kamen einfach nicht durch. Wir versuchten es immer wieder, aber wir schafften es nicht. Keiner machte Platz.*
*Nie zuvor in meinem Leben habe ich ein so enttäuschtes Gesicht gesehen wie das des lahmen Nathan. Wir waren alle verzweifelt. Jesus befand sich keine 30 Schritte von uns entfernt, und wir konnten nicht zu ihm.*
*Da kam einem die rettende Idee. Wir stiegen aufs Dach. Den Rest der Geschichte kennst du. Du weißt auch, daß Nathan geheilt wurde.*
*Morgen werde ich mit einigen Freunden zu Dir kommen und Dir beim Reparieren des Daches helfen. Der ehemals Gelähmte wird auch dabeisein. Es geht ihm übrigens blendend. Er hat sogar schon Arbeit gefunden.*
*Also dann bis morgen und nochmals: Entschuldigung.«*

Als ich geendet hatte, lachte mich Simon wieder an. Dann wurde er ernst und sagte: »Diese Freunde imponieren mir. Schon ihretwegen würde ich keinen Prozeß führen. Hätten wir so etwas nicht ebenfalls nötig, Menschen, die uns tragen, wenn wir keine eigenen Schritte gehen können – Leute, die uns einfach mitnehmen, wenn unsere Seele gelähmt ist?«
Das war wieder so ein Satz, der mich zugleich anzog und ärgerte. »Was sollte uns denn lähmen?«, erwiderte ich gereizt. »Wir sind kerngesund.«
»Oh«, antwortete Simon, »vieles. Angst zum Beispiel, oder Enttäuschungen, oder Hoffnungslosigkeit. Auch Schuld«, fügte er nach einer Pause hinzu. »Ja, auch Schuld. Wenn du mit etwas nicht fertig wirst, das dir leid tut und das du nicht aus der Welt schaffen kannst.«
Plötzlich fiel mir ein, daß es im Anschluß an jene Heilung eine ziemlich heftige Diskussion gegeben hatte.

Dieser Jesus muß irgendetwas gesagt haben, das viele derart gegen ihn aufbrachte, daß selbst die offensichtliche Hilfe, die der Gelähmte erfuhr, nichts an ihrer Empörung änderte.
Als ich Simon danach fragen wollte, wurde er weggerufen. So beschloß ich, auf eigene Faust nachzuforschen.
Irgendwie schien das nämlich alles mit dem heilen Leben zusammenzuhängen, von dem er gesprochen hatte.
Es fiel mir übrigens nicht schwer, einen der Freunde zu finden, die den Gelähmten ins Haus getragen hatten. Zufällig war es Joas, der Briefschreiber.
»Um die Schuld ging es», war seine Antwort, »und um die Vergebung der Sünden. Das weiß ich allerdings auch erst, seit ich die Nachricht des Nathan erhielt. Wir befanden uns doch auf dem Dach. Da ist uns das meiste entgangen.«
Ich bat ihn um das Schreiben und las.

*Nathan an Joas*
*»Friede sei mit Dir. Dir und Deinen Freunden möchte ich für alles, was Ihr für mich getan habt, danken. Ich hielt Euch für wahnsinnig, als Ihr mich von meinem Bettelplatz mitgenommen habt. Ich habe es Euch auch nicht geglaubt, als Ihr mir sagtet, daß dieser Jesus meine Krankheit heilen könnte. Ich hatte zwar schon gehört, daß Jesus Leute gesund gemacht hat, aber daß er mich, der schon seit 30 Jahren gelähmt ist, heilen kann, wollte ich Euch nicht abnehmen. Deshalb war ich auch so mißtrauisch auf dem Weg.*
*Als ich dann ein bißchen überzeugt war, kamen wir an das Haus, und da war ich genau so weit wie vorher. Als ich sah, wie viele Leute da waren, hielt ich die ganze Sache für verloren. Ich dachte, das ist doch alles sinnlos. Da kommen wir nicht durch.*
*Jetzt will ich Euch sagen, wie toll es war, daß Ihr trotzdem nicht aufgegeben habt.*
*Als Ihr auf das Dach geklettert seid, habe ich überhaupt nicht verstanden, was das Ganze soll. Ich dachte nur: Was wollen die eigentlich? Da oben ist doch Jesus überhaupt nicht.*
*Wie Ihr dann daran gingt, das Dach aufzudecken, hatte ich schon den Ärger in den Ohren, den es deshalb geben würde, und ich begriff noch immer nicht. Doch ehe ich recht zur Besinnung kam, hattet Ihr mich schon hinabgelassen. Unten wurde es ganz still. Jesus sah mich an, und ich wußte nicht, was ich sagen sollte. Nur mein Herz klopfte bis zum Hals.*
*»Dir sind Deine Sünden vergeben«, sagte er, und im ersten Augenblick dachte ich, das sagt er ja nur, weil er meine Krankheit nicht heilen kann. Aber dann fiel mir plötzlich so vieles ein, Haß, den ich auf andere hatte, Neid und einige Geschichten, von denen ich lieber nicht reden möchte. In Gedanken ging ich mein ganzes Leben durch. Ich war einige Augenblicke wie benommen.*

*Doch dann sagte er plötzlich: »Steh auf, nimm Dein Bett und geh.«*
*Da war es, als ob alles von mir abgefallen wäre.*
*Noch traute ich ihm nicht ganz, aber ich stand auf – und es ging. Mit einem Mal war alles so leicht, das Laufen und das Leben.*
*Entschuldigt, daß ich einfach davongerannt bin und mich nicht bei Euch bedankt habe. Aber ich war so glücklich, so erfüllt, daß ich an nichts anderes mehr gedacht habe.*
*Doch jetzt sollt Ihr endlich erfahren, wie gut es mir geht – nicht nur mit den Beinen. Deshalb noch einmal danke für alles.«*

Der kannte das also auch: Erinnerungen, die man am liebsten auslöschen will, Taten, derer man sich schämt, Menschen, die man geschädigt hat, diesen ganzen Wust von Fehlern und Versagen.
Ja, es stimmt. So etwas kann lähmen. Es nimmt den Schwung. Es kann einem sogar die Lust am Leben rauben.
Sollte ein heiles Leben also eines sein, das nicht nur gesund ist, sondern auch frei? Frei von Vorwürfen, frei von quälenden Erinnerungen, frei von Schuld?
Nur, wie soll das möglich sein ohne Selbstbetrug?
»Kann denn dieser Mann aus Nazareth auch das?«, fragte ich unvermittelt. Doch Joas verstand mich sofort.
»Das ist es ja«, sagte er dann, »weshalb die Schriftgelehrten so außer sich sind. Nur Gott vermag es, behaupten sie. Und der tut es im Gericht am Ende der Zeit.«
»Das hilft mir nicht viel«, gab ich zurück, »zumindest dann nicht, wenn mich alles überfällt, was früher war.«
»Du hast recht«, ließ sich eine Stimme hinter uns vernehmen. Ich sah, wie sich Joas respektvoll verneigte.
»Das ist Hannas«, flüsterte er mir zu, »Hannas der Schriftgelehrte. Er wohnt neben uns.«
»Weshalb gibst Du mir recht?«, wollte ich wissen. »Bist Du denn plötzlich nicht mehr gegen den Nazarener?«
Ohne zu antworten winkte uns Hannas, ihm in sein Haus zu folgen. Während er hinausging, um uns Brot und Käse zu besorgen, fiel mein Blick auf einige Papyrusblätter, die vor mir auf dem Tisch lagen. Normalerweise tue ich so etwas nicht. Aber nun begann ich dennoch zu lesen. Sie werden gleich verstehen warum.

*»Aus dem Tagebuch des Pharisäers Nathanael*
*War gestern in Kapernaum. Wollte meinen Bruder besuchen. Vor einem Haus sah ich eine große Menschenmenge. Das interessierte mich. Die Leute machten ehrfürchtig Platz. So kam ich bis in den Raum, in den alle hineindrängten. Ich entdeckte einige aus unserer Gruppe. Aber ich sah auch den mir schon gut bekannten Mann, der sich Jesus von Nazareth nennt.*

*Ich hörte gerade noch, wie er zu einem Mann, der vor ihm lag, sagte: »Dir sind deine Sünden vergeben.« Später erfuhr ich, daß es der Gelähmte war, den ich auch schon vor der Synagoge habe betteln sehen.*
*Ich war entsetzt. Mir blieb das Herz stehen. Da wagt dieser Jesus zu sagen: Deine Sünden sind dir vergeben. Das kann er doch nicht für andere tun. Er könnte doch höchstens das verzeihen, was ihm angetan wurde. Aber ich habe es mir bestätigen lassen. Da war nichts. Die beiden trafen sich zum ersten Mal. Was dieser Jesus tat, ist eine ungeheure Anmaßung. Er kann doch nicht so tun, als ob er Gott persönlich wäre. Ich eilte davon und schrieb einen Brief an den Hohen Rat, er solle diesem Gotteslästerer das Handwerk legen.*
*Inzwischen habe ich gehört, daß der, der gelähmt gewesen war, sehr glücklich ist. Er geht jeden Tag in die Synagoge und lobt Gott. Ich wage es kaum zu denken, sollte dieser Jesus doch nicht so unrecht gehabt haben? Sehe ich da einiges zu einseitig?*
*Ich muß unbedingt so schnell wie möglich mit meinem Lehrer Hannas darüber reden.«*

»Ah«, sagte Hannas, der unbemerkt zurückgekehrt war, »Du hast es selbst gelesen.«
Als er meine Befangenheit wahrnahm, lächelte er. Dann fuhr er fort. »Ich habe mich genau umgehört. Dieser Jesus hat gar nicht gesagt, daß er aus eigener Kraft Sünden vergeben würde. Er predigt jedoch immer wieder, daß der Ewige selbst gnädig ist, wie ein Hirte, der auch das Verlorene sucht, wie ein Vater, der keines seiner Kinder aufgibt. Er erbarmt sich. So sagt es auch die Schrift. ›Er handelt nicht mit uns nach unseren Sünden und vergilt uns nicht nach unserer Missetat.‹ Warum sollte es unmöglich sein, daß einer schon heute erfährt: Du darfst neu anfangen. Das Alte ist vergangen und das Verwundete heil geworden.
Wenn der Messias kommt, wird er uns auch dies lehren.«
Ich starrte ihn mit offenen Augen an. Aber ich fragte nicht mehr. Denn nun wußte ich genau, was ich zu tun hatte.
Verstehen Sie jetzt, weshalb ich Kapernaum noch mehr liebe und weshalb ich doch nicht hier bleibe?
Ich muß diesen Jesus finden, und wenn ich bis nach Jerusalem reise. Ich muß ihn sprechen. Ich muß ihm etwas von mir erzählen.
Schon seit langem sind einige Besuche fällig bei Menschen an mehreren Orten.
Zu ihnen haben mich meine Füße – seit damals – nicht mehr getragen. Sie schaffen es auch heute nicht.
Deshalb muß ich zuerst zu Jesus von Nazareth. Damit er die Lähmung nimmt und ich wieder laufen lerne. Gerade auf den Wegen, die ich bisher mied.

Der biblische Text
Und nach etlichen Tagen ging er wieder nach Kapernaum; und es ward kund, daß er im Haus war. Und es versammelten sich viele, so daß sie nicht Raum hatten, auch draußen nicht vor der Tür; und er predigte ihnen das Wort. Und es kamen etliche zu ihm, die brachten einen Gichtbrüchigen von vieren getragen. Und da sie ihn nicht konnten zu ihm bringen vor dem Volk, deckten sie das Dach auf, da er war, und machten eine Öffnung und ließen das Bett hernieder, darin der Gichtbrüchige lag. Da nun Jesus ihren Glauben sah, sprach er zu dem Gichtbrüchigen: Mein Sohn, deine Sünden sind dir vergeben. Es waren aber etliche Schriftgelehrte, die saßen allda und dachten in ihrem Herzen: Wie redet dieser so? Er lästert Gott! Wer kann Sünden vergeben denn allein Gott? Und Jesus erkannte alsbald in seinem Geist, daß sie so bei sich dachten, und sprach zu ihnen: Was denket ihr solches in euren Herzen? Was ist leichter, zu dem Gichtbrüchigen zu sagen: Dir sind Deine Sünden vergeben, oder zu sagen: Stehe auf, nimm dein Bett und wandle? Auf daß ihr aber wisset, daß des Menschen Sohn Vollmacht hat, zu vergeben die Sünden auf Erden – sprach er zu dem Gichtbrüchigen: Ich sage dir, stehe auf, nimm dein Bett und gehe heim! Und er stand auf, nahm sein Bett und ging alsbald hinaus vor allen, so daß sie sich alle entsetzten und Gott priesen und sprachen: Wir haben solches noch nie gesehen.

*An dieser Predigt haben Konfirmandinnen und Konfirmanden mitgewirkt.*

## Wie Abraham Gott entdeckte

Predigt im Gottesdienst zur Vorstellung der Vorkonfirmanden –
in Anlehnung an Thomas Mann:
»Joseph und seine Brüder«, I. Buch, S. 316ff.

*Heinz Rußmann*
*und Schüler des Johanneums zu Lübeck*

Was erwarten wir vom Konfirmandenunterricht? Ihr Konfirmandinnen und Konfirmanden erwartet vermutlich eine interessante Jugendstunde, Eure Eltern erwarten, daß Ihr verantwortungsbewußter werdet, die Gemeinde, daß Ihr Euch im Glauben und in der Kirche zuhause fühlt. Ich, als Euer Pastor, erwarte, daß Ihr Gott besser kennenlernt und zu ihm beten könnt.
Deswegen möchte ich heute von Abraham erzählen, der in seinem Leben erwartet hat, Gott immer besser kennenzulernen. Er lebte ungefähr 1500 Jahre vor Christi Geburt zuerst im heutigen Irak, dann in Israel. Für die

Weltreligionen Judentum, Islam und Christentum ist er der »Vater des Glaubens«.

Wie es dazu gekommen ist, muß man sich wohl so vorstellen: Damals glaubten alle Menschen an viele Götter und beteten sie an. Das war entstanden, weil praktisch jede Macht in der Welt als göttlich verehrt wurde: der König ebenso wie die Sonne, der Krieg ebenso wie das Wasser, die Sexualität ebenso wie der Reichtum; der Zerstörer, der Satan, wurde ebenso angebetet wie die »Mutter Erde« und viele Mächte mehr. Im Gebet spielten die Menschen die Götter gegeneinander aus: »Wenn du mir jetzt nicht hilfst, verehre ich in Zukunft einen anderen der Götter!«

Irgendwann bemerkte Abraham, wie unzufrieden er mit dem Glauben an viele Götter war. Er wollte endlich nur zu einem Gott beten und sich nach ihm richten und sich an ihm festhalten, nämlich an dem Mächtigsten und Höchsten. Lange dachte er nach und verwarf viele Mächte als zweitrangig. Alle Menschen, auch die mächtigsten Helden und Könige, Künstler und Wissenschaftler schieden für ihn aus, denn sie alle waren sterbliche, vergängliche Wesen und lebten nur für begrenzte Zeit. Er verfiel auch nicht dem Gedanken, Satansverehrer zu werden, wie heute einige wenige Jugendliche. Abraham wußte: Der Teufel hat zwar leider viel Macht in unserer Welt, aber er ist nur ein Schmarotzer; er kann nur etwas bewirken, wenn er Gutes vorfindet, das er zerstören kann. Sonst kann sich der Zerstörer nur noch selbst zerstören.

Auf seiner Suche nach dem höchsten Gott fiel Abrahams Augenmerk dann auf die Natur. Wie viele »Naturfreunde« heute wollte er die »Mutter Erde« anbeten und verehren, denn sie bringt Früchte hervor und erhält das Leben. Aber die Erde brachte im Sommer Leben hervor, das sie dann im Winter verschlang. Vor allem war sie angewiesen auf Sonne und Regen. Also fiel Abrahams Blick auf den Himmel, auf Sonne und Wolken, Mond und Sterne. Als er den Himmel betrachtete und das Spiel von Wolken und Regen, Sonnenaufgang und -untergang, dazu die Bewegungen der Sterne sah, wurde ihm schlagartig klar: Kein Himmelskörper ist die höchste Macht. Der, der alle Gestirne und die Erde verborgen lenkt und sie regiert, ist der einzige und mächtigste ewige Gott. Der unsichtbare Lenker und Gesetzgeber der Natur ist allein Gott. Alle Naturkräfte und alle Mächte weisen auf ihn, den ewigen Schöpfer, hin!

Nachdem Abraham am Ziel seiner Suche angekommen war, wurde ihm allmählich bewußt, daß Gott selbst ihm diese Gedanken eingegeben und geschenkt hatte und ihn dazu ausgesucht hatte, so zu denken und so Gott zu verehren. Abraham hatte alle vielfältigen Mächte dieser Welt dem einen »Obersten Chef« untergeordnet. Und dieser hatte ihm die Gewißheit gegeben, daß es in seinem Sinne sei, so von Menschen erkannt und verehrt zu werden!

Abraham merkte schnell, daß es bei allem Risiko eine Wohltat für seine Seele war, so an Gott zu glauben. Als er anderen begeistert von seiner Ver-

ehrung des unsichtbaren Schöpfergottes erzählte, sagte sein Neffe Lot aber ganz erschrocken: »Wenn dich dein Gott verläßt, dann hält dich keine der Mächte dieser Welt, dann bist du ganz verlassen!« Und Abraham hatte ihm geantwortet: »Du hast recht, dann wäre ich vollkommen verlassen. Bedenke aber, wenn ich ihn gewinne, bin ich mit der ewigen Energie verbunden, dann bekomme ich den höchsten Sinn und Mut, unzerstörbares Selbstbewußtsein und bin in Ewigkeit nicht verlassen!« In der Bibel heißt es dann, daß Gott mit Abraham einen Bund schloß und ihn segnete und wie mit einem Freund redete. (1. Mose 15,18;12,1–3;18,17ff.)
Ich wünsche uns allen, daß wir Gott immer besser erkennen und viel von ihm erwarten: daß er seinen Bund mit uns erneuert; uns segnet und uns die Gewißheit gibt, daß er wie ein Freund zu uns hält.

## Mitarbeiterinnen und Mitarbeiter

Magdalena Caspari, Hamburg; Pfarrer Hans-Joachim Curth, Berlin; Pastor Kurt Dohm, Bremen; Pfarrer Gerhard Engelsberger, Wiesloch; Pastor Klaus Eulenberger, Hamburg; Pastorin Gisela Fähndrich, Sehnde; Pfarrer Johannes Gerrit Funke, Dortmund; Pfarrer Kurt Grützner-Jahns, Schauenburg-Hoof; Pfarrerin Hildegard Heimbrock-Stratmann, Aßlar; Pfarrer Reinhard Hübner, Rissen; Studienleiter Pfarrer Bernhard von Issendorff, Wiesbaden; Pfarrer Günter Kaltschnee, Waldeck; Pfarrer Dirk Keller, Karlsruhe; Pastorin Ingrid Keßler-Woertel, Moormerland-Veenhusen; Pfarrerin Susanne Labsch, Kehl; Superintendent i.R. Dietrich Mendt, Zittau; Pastor Klaus von Mering, Langeoog; Karin Mirtsch, Dortmund; Pfarrer Hans Martin Nicolai, Bad Godesberg; Pfarrerin Monika Paetzholdt, Freiburg/Breisgau; Pfarrer Joachim Puttkammer, Greifswald; Pfarrer Eckhard Reichelt, Münnerstadt; Pastor Hans H. Reimer, Kirchbarkau; Propst Karl-Heinz Ronecker, Jerusalem; Pastor Egbert Rosenplänter, Ahausen; Pastor Heinz Rußmann, Lübeck; Pfarrer Arno Schmitt, Mannheim; Pastor Günter Scholz, Neuwulmstorf; Pfarrer Rainer Starck, Karlsruhe; Dekan Klaus Zillessen, Waldshut-Tiengen